estudos
PLATÔNICOS

José Trindade Santos

PARA LER PLATÃO

Alma, cidade, cosmo

Tomo III

Edições Loyola

Projeto gráfico: Maurélio Barbosa
  Viviane Bueno Jeronimo
Preparação: Maurício B. Leal
Capa: Viviane Bueno Jeronimo
Diagramação: Maurélio Barbosa
Revisão: Cristina Peres

Edições Loyola Jesuítas
Rua 1822 nº 341 – Ipiranga
04216-000 São Paulo, SP
T 55 11 3385 8500/8501, 2063 4275
editorial@loyola.com.br
vendas@loyola.com.br
www.loyola.com.br

Todos os direitos reservados. Nenhuma parte desta obra pode ser reproduzida ou transmitida por qualquer forma e/ou quaisquer meios (eletrônico ou mecânico, incluindo fotocópia e gravação) ou arquivada em qualquer sistema ou banco de dados sem permissão escrita da Editora.

ISBN 978-85-15-03692-9

© EDIÇÕES LOYOLA, São Paulo, Brasil, 2009

SUMÁRIO

PREFÁCIO		9
INTRODUÇÃO.	"Platão e Aristóteles sobre a alma"	13
CAPÍTULO ÚNICO.	Alma, cidade e cosmo	35
	1. Alma no *Mênon*	37
	2. Alma no *Fédon*	39
	O filósofo e a morte	39
	O argumento da anamnese	41
	Imortalidade e imperecibilidade da alma	44
	O mito escatológico	46
	3. Alma no *Fedro*	47
	Sócrates e o discurso de Lísias	48
	A alma é movimento	49
	A condução da alma: boa e má retórica	59
	Crítica à escrita e às suas utilizações	62
	4. Alma no *Banquete*	70
	5. Alma na *República*	71
	Livro IV	72
	Alma na "seção epistêmica" da República	78
	O mito escatológico de Er, o armênio	80
	6. Alma no *Timeu*	80
	O primeiro relato da criação: as obras da inteligência (29d-47e)	80

Novo proêmio: causas auxiliares (46c-47e)   90
As três almas (69b até o final)............... 97

7. Alma no *Teeteto* 102
    A alma e a sensação (184d-186e) 103
    A alma e o pensamento 104

8. Alma no *Sofista*.......................... 106

9. Alma no *Filebo* e no *Político* 108

10. Alma nas *Leis* X........................... 109
    Natureza e arte (ou "convenção": technê):
    888d-890a.. 109
    Prioridade da alma como princípio de
    movimento (893b-896c) 111

11. Alma na *Carta VII*......................... 115
    Autenticidade 115
    Alma e Formas.................................. 116
    A questão da escrita 116

APÊNDICE. Alma nos diálogos socráticos................... 125

BIBLIOGRAFIA 127

ÍNDICE DE AUTORES CITADOS 131

Prefácio

Com a publicação do terceiro tomo de *Para ler Platão* fica executado o plano integral da obra. No seu todo, o trabalho dedica-se ao estudo, a partir dos diálogos, da chamada "versão canônica da teoria das Formas", dos seus antecedentes e dos suportes epistemológicos que condensam as concepções platônicas sobre o Ser e o Saber.

Consequentemente, não dedica atenção às obras que, de uma perspectiva ou de outra, criticam a teoria das Formas. Pela relevância das inovações que introduzem, diálogos como o *Sofista,* o *Político* e o *Filebo,* exceto em pontos específicos, ficam de fora do plano definido por este trabalho. Por outro lado, *As Leis,* com exceção do Livro X, concentram-se em temáticas maioritariamente políticas, relacionando-se mais com a *República* do que com o conjunto da obra platônica.

O primeiro tomo foi dedicado à abordagem da problemática do Saber no contexto agonístico do debate sobre a virtude, inserido no programa de investigação reportado na *Apologia de Sócrates.* O segundo tomo concentrou-se no estudo das "teorias" da anamnese e das Formas, que condensam o núcleo da ontoepistemologia platônica. O terceiro tomo, que ora aparece, tem por objetivo estudar as concepções platônicas sobre a alma.

Embora se submeta às regras impostas pela dispersão dialógica, este último estudo procura salientar o caráter unificador das principais funções cometidas à alma: vida, movimento e saber. A Vida é a expressão da natureza da alma, bem como a finalidade que ela realiza no cosmo. O Movimento caracteriza a capacidade que só a alma tem de visar ao Bem. Finalmente, o Saber define a estrutura da alma, superiormente expressa pelo exercício da cognição, mediando a sua relação com o Bem.

A conjugação dessas três funções ilustra o estatuto da alma na ontoepistemologia platônica. Construída a partir do paradigma das Formas, a tarefa principal da alma dos mortais é a recuperação da sua estrutura original, afetada pela incapacidade de se "nutrir das Formas" (*Fedro* 247d-249d).

Esta finalidade impede o leitor e intérprete dos diálogos de confundir a concepção platônica de alma com qualquer outra situada na tradição cristã. E o impedimento é agravado a partir da modernidade pela convergência da alma com o eu, levada a cabo pela obra de Descartes.

Despida da roupagem mitopoética com que Platão a adorna, esta última função faz da alma a sede da inteligência e da cognição, opondo o cognitivismo platônico ao de qualquer outro pensador (já o de Aristóteles, por exemplo). Neste caso, a oposição justifica-se pelo desinteresse manifestado por Platão pelo corpo e pelas sensações, com o argumento de que, se o saber é constitutivo da estrutura da alma, o exercício da sensopercepção só perturba o restabelecimento do seu equilíbrio original, que é a finalidade última da filosofia.

Repito agora algumas das indicações prestadas no prefácio do segundo tomo. O trabalho segue o modelo a que obedece o tomo anterior. Abordando a temática da alma em cada um dos diálogos estudados, pode ser lido sequencialmente, ou consultado pela perspectiva de cada diálogo.

As divisões do capítulo são breves, concentrando-se em seções bem determinadas dos textos. A concentração dispensa a necessidade de um índice analítico dos passos citados, no que diz respeito aos diálogos platônicos. Mas isso não se estende às referências às obras de outros autores.

Remetendo para cada diálogo, as subdivisões são indicativas das questões tratadas. A inserção de um asterisco (*) no seu interior sinaliza a passagem do plano da leitura do texto platônico ao do seu comentário.

Dado que a abordagem da alma não supõe nem se apresenta como uma teoria estruturada, não persegui exaustivamente a totalidade das referências à alma, nos diálogos estudados. Ficaram de fora aquelas que não contribuíam para a compreensão da temática, apesar de se acharem incluídas em argumentos interessantes, por si.

A obra ora publicada não teria sido possível sem o apoio daqueles que ao longo dos anos a inspiraram. Refiro-me aos meus alunos. Contudo, quero manifestar publicamente dois agradecimentos. Ao meu amigo Professor Giovanni

PREFÁCIO

Casertano, da Università degli Studi di Napoli, "Federico II", o reconhecimento da dívida contraída por quase trinta anos de discussão continuada sobre Filosofia Antiga. Aquilo que colhi da sua companhia e o que pude aprender nos muitos colóquios em que participamos, em Portugal, na Itália, na Grécia, na Inglaterra, na Argentina e no Brasil, não podem caber em notas de rodapé ou em citações bibliográficas. Só podem caber na alma, tal é a profundidade do seu *logos*.

O segundo agradecimento vai para o Centro de Filosofia da Universidade de Lisboa, que nunca deixou de me auxiliar, com meios e instrumentos de pesquisa, desde a sua criação, em 1997.

João Pessoa, Paraíba, 2008

JOSÉ TRINDADE SANTOS
Universidade Federal da Paraíba — CNPq
Centro de Filosofia da Universidade de Lisboa

INTRODUÇÃO

"Platão e Aristóteles sobre a alma"

"Alma" na cultura grega: épocas arcaica e clássica

O historiador da filosofia que estude a formação conceptual na Antiguidade pode encontrar excelentes exemplos do processo de conceptualização nas tradições literárias gregas, entre o seu início no século VIII e a época clássica, no século V a.C. Notável entre muitos num variado conjunto de textos, relevantes para a pré-história da Psicologia, é o caso da noção de *psychê*.

Na cultura grega clássica, nas obras de Platão e de Aristóteles — a despeito das diferenças que as separam —, a *psychê*, aí já invariavelmente traduzida por "alma", é encarada como a entidade à qual é atribuído o comando das funções vitais do ser animado (ou seja, dotado de alma).

Mas a noção tinha já feito uma longa viagem na cultura grega antes de chegar à filosofia, pois não são raras as referências à *psychê* na literatura da época arcaica. E mesmo aí, embora o nosso contato com o termo e a temática a ele associada comece com os Poemas Homéricos, há dados que permitem fixar algumas representações "primitivas" da noção, herdadas de um passado anterior aos registros escritos.

Podemos citar três: *psychê* como "alento" (*pneuma*), como "fogo" (*pyr*) e como "sombra" (*skia*). Das duas primeiras encontram-se traços em Anaxímenes (século VI a.C.; DK13B2; ver Écio I,3,4[1]), Heráclito (século V; diversos fragmentos)

---

1. O texto do doxógrafo, que fornece o contexto ao fragmento, explicitamente filia as duas noções: "tal como a nossa alma, que é ar, nos dá coesão *(synkratei)*, assim sopro *(pneuma)* e ar envolvem todo o cosmo".

e Demócrito (DK67A28; 68A106). Quanto à terceira, é explorada por Homero (século VIII) na narrativa do encontro de Ulisses com a alma da mãe, no Hades (*Odisseia* XI 207, *passim*).

Desde logo, há que reconhecer a diferença de contextos em que se situam. Enquanto as duas primeiras, remetendo para um contexto psicofísico, cumprem uma finalidade explicativa[2], a terceira situa-se no âmbito próprio do psiquismo, embora sirva a uma intenção poética.

Aristóteles

Séculos mais tarde, vamos reencontrar, ao lado de outros, esses três traços "primitivos" recontextualizados na extensa e abrangente abordagem da alma levada a cabo por Aristóteles no conjunto de tratados dedicados à psicologia e à filosofia da ação. Este importante grupo de obras, centrado no *Da alma*, agrega os pequenos tratados reunidos nos *Parva naturalia*[3].

À primeira vista, na densa argumentação do filósofo, é difícil reconhecer traços das imagens fixadas pela tradição. Mas a presença dos termos proporciona a comparação das imagens da alma nas tradições mitopoética e reflexiva com os produtos da crítica aristotélica, possibilitando o estudo do modo como, a partir das metáforas originais, o Estagirita chega à definição dos conceitos sustentadores da estrutura teórica que nos legou.

A comparação evidencia a dupla perspectiva pela qual o pensador e a sua obra podem ser considerados. Por um lado, situam-se no termo de uma evolução reflexiva, na qual os dados da cultura grega são recolhidos e assimilados numa visão sistemática e científica. Por outro, constituem o início da tradição que acom-

---

2. Uma e outra referem funções vitais, cuja cessação é considerada sintoma da morte física: no caso do alento, a respiração; no do fogo, o calor corpóreo. O terceiro exemplo acha-se, porém, orientado para um domínio distinto dos anteriores, condensando a ideia da persistência da identidade pessoal após a morte.

3. O alento, entendido como sintoma da função respiratória, é reconfigurado no contexto do "organismo" vivo, recebendo um amplo e diversificado tratamento em Aristóteles (ver *DA* A1, 404a10-16; A5, 410b28-30; ver ainda os tratados aristotélicos *De juventute et senectute* e *De respiratione* — incluídos nos *Parva naturalia* —, além do pseudo-Aristóteles *Peri pneumatos*).

O fogo é primeiro referido a Demócrito (*DA* A2,404a1-2), depois reconvertido na crítica às concepções fisicalistas da alma, no processo da alimentação (*DA* B4,416a10-18); enquanto a sombra — manifestação da identidade pessoal após a morte —, é afastada pela rejeição da persistência da alma separada do corpo (*DA* B4,415b3-8, *passim*).

panha a intensa atenção prestada ao *Da alma* ao longo da Antiguidade e persiste na cultura europeia durante séculos, até a sua superação pelo nascimento da Psicologia como ciência, no final do século XIX.

Tudo levaria a crer que o estudo da obra na atualidade se devesse exclusivamente à curiosidade dos helenistas. Todavia, desenvolvimentos recentes tanto nas neurociências quanto em áreas tão distintas como as da Inteligência Artificial e da Filosofia da Mente têm renovado o interesse pelo estudo da Psicologia aristotélica.

O *Da alma*

A fortuna do tratado *Da alma* deve-se à estrutura do programa de pesquisa que executa. A partir da exposição crítica de concepções gregas sobre a alma, que recolhe da tradição reflexiva, o filósofo desenvolve a proposta de uma teorização unitária e abrangente da psique dos seres vivos, visando em particular ao estudo das funções superiores dos animais e dos homens.

Depois de esboçar as linhas metodológicas que devem guiar a investigação (A1), o resto do Livro A dedica-se à apresentação e ao debate de um variado conjunto de teses. Focamo-las nas três concepções abrangentes que examinaremos: a alma como:

1. princípio vital;
2. estrutura do corpo;
3. sede das faculdades (nutrição, sensopercepção e cognição).

É difícil entrever um plano coerente no percurso realizado através de um amontoado de citações de outros pensadores, críticas às suas doutrinas, comentários explicativos, frequentes digressões e regressos ao tema principal. Mas não é impossível arriscar uma proposta, se buscarmos relações não evidentes numa leitura sequencial do texto.

Começamos por apontar o pressuposto metodológico que justifica o tratado. Com a exposição e o debate das teorias que refere, Aristóteles visa constituir ou tornar evidentes as "aporias", focos problemáticos a cuja exploração e resolução se vai lançar. Seu objetivo é, concentrando-se naquelas que julga bem formuladas e rejeitando as restantes (A2, 403b20-25), expor, criticar e reformular as concepções que recolhe da tradição.

Tal como na generalidade das suas obras, a exposição combina as três facetas que caracterizam o seu autor: historiador, crítico e filósofo. Depois de ter recolhido da tradição as opiniões de outros pensadores, separa as que lhe parecem relevantes com vista à sua ordenação e análise crítica. São essas críticas que lhe vão servir para formular as suas próprias soluções para os problemas por ele enunciados[4].

A evidente complexidade deste procedimento metodológico, que subordina a execução das duas primeiras tarefas às exigências postas pela última, não pode deixar de levantar problemas. Pois não apenas muitas informações sobre outros são distorcidas ou falseadas, ao serem retiradas dos seus contextos originais, como os juízos críticos de que são objeto podem evidenciar inegável parcialidade ou mesmo incompreensão.

Esta observação obriga a notar oportunamente que a nossa intenção aqui só de modo indireto poderá prender-se com a correção dos juízos de Aristóteles[5], visando, pelo contrário, usar os seus escritos como documento privilegiado sobre a formação dos conceitos que comandam a origem e a evolução da psicologia na tradição grega.

No *Da alma*, o ponto de partida da exposição é definido pelo momento em que Aristóteles separa as duas características da alma, por ele atribuídas à generalidade dos seus antecessores, que a alma "por natureza possui": movimento e sensação (A2,403b25-28).

"Movimento e sensação" (*DA* A2)

A crítica começa com a abordagem daqueles para quem a alma é movimento: primeiro, no contexto da teoria atômica, Leucipo e Demócrito; depois, a eles associados, os pitagóricos e Anaxágoras, em contextos mais vagos e não relacionados (404a1-16).

Depois de uma série de referências, citações e observações desligadas (a16-b9), passa então a referir aqueles para quem a alma é "conhecimento *(gignôskein)* e sensopercepção", que a tomam como "princípio de todas as coisas", começando por Empédocles.

---

4. O procedimento é descrito na exposição do método "diaporético", na *Metafísica* B1,995a24-b4. Para a compreensão adequada da relevância da noção de "aporia", é sugestiva a confrontação do passo citado com aquele em que é inserida a conhecida tese sobre a função do "espanto" na origem da filosofia: A2,982b11-21.

5. Tarefa levada a cabo por H. CHERNISS, nas suas aqui amiúde referidas obras: *Aristotle's Criticism of the Presocratics* e *Aristotle's Criticism of Plato and the Academy*.

Seu objetivo é apontar o ponto comum às duas linhas referidas. Embora, aos olhos da crítica contemporânea, sejam vistas como muito diferentes, para ele ambas coincidem na defesa da tese de que a alma é formada a partir de elementos materiais: para os primeiros, átomos em movimento, para o Agrigentino, os quatro elementos[6] (404b11-15).

Sem transição, o texto inicia então a longa crítica dirigida a Platão e à sua concepção da alma como movimento, com incidência particular no *Timeu* e na alma cósmica, e doutrinas a ele associadas, a qual se estende até o final do Livro A. É nesse contexto que emergem as duas teorias paralelas que nos interessam: primeiro, a da alma como "número automovente", e a tese, presumivelmente de origem pitagórica, que caracteriza a alma como uma harmonia[7].

Todavia, a complexidade do tecido ideológico urdido pelo Estagirita obriga-nos a interromper neste ponto a análise do Livro A, para tentar descortinar o fio condutor do seu argumento.

O problema dos princípios opostos

Para estruturar a sua concepção de alma, Aristóteles confronta-se com um primeiro problema, herdado de Platão, condensado na exposição das doutrinas acima mencionadas. Como compatibilizar dois princípios distintos e opostos: a alma, origem da vida e do movimento, e os elementos, suporte da natureza corpórea[8]?

---

6. A crítica do Estagirita distorce o pensamento de Empédocles para encaixá-lo no seu argumento. Primeiro, identifica com a matéria as "raízes", que denomina "elementos", o que constitui um grosseiro anacronismo. Depois, associa esses elementos alegadamente "materiais" a uma concepção de alma. Ora, o Poema não autoriza a formação de uma alma a partir dos quatro elementos de cuja combinação resultam todos os corpos e a totalidade do cosmo. Além disso, não só não é possível conferir-lhes uma natureza puramente material, dada a sua característica "divina e imortal" (ver fragmentos 6-9), como a única base para ver em Empédocles uma noção de alma — a menção do "*daimôn* que lança pensamentos velozes pelo cosmo" (DK31B134.5) — dificulta a identificação deste como uma das infinitas "vidas" dos elementos (ver sobretudo a identificação do conhecimento com os elementos: DK31B110.10).

Este ponto é relevante para a compreensão da relação que o texto estabelece entre Empédocles, Platão e Xenócrates.

7. É esta que vai servir de base à abordagem estrutural da alma, desenvolvida nos dois primeiros capítulos do Livro B. Neles Aristóteles apresenta a sua definição da alma como "forma do corpo", desenvolvendo a partir dela a análise das funções psíquicas que ocupa a maior parte dos Livros B e Γ.

8. É mais um erro de Aristóteles atribuir a Platão a identificação dos elementos como princípios. Para este, a contínua transmutação dos elementos no processo da mudança sensível

Como vimos, esta questão entronca na abordagem anterior dos "fisicalistas". Para Aristóteles, o parentesco entre Empédocles e os Atomistas reside na tese, muito contestável e nada evidente ao leitor, de que ambos encontraram na "matéria" justificação para o poder cognitivo da alma, expresso pelas características paralelas do movimento e da sensopercepção (*DA* A1, 403b27-28). Mas aí o argumento abruptamente deriva do estudo dos "fisicalistas" para o dos "cognitivistas".

"O semelhante é conhecido pelo semelhante"

Regressamos então ao argumento. Para responder à questão, Aristóteles vai ter que qualificar ou de algum modo estruturar a relação entre os dois princípios opostos: da vida/movimento e dos elementos "materiais". Para esse fim invoca a tese, de origem pitagórica, segundo a qual "o semelhante é conhecido pelo semelhante"[9].

O enfoque na tese vai resultar na saída dos Atomistas e na entrada de Platão, com referência ao *Timeu* e ao *Peri philosophias*[10]. O poder "cinético e cognitivo" da alma (404b27-28) converte-se no foco do argumento, associando duas linhas de pensadores:

— aqueles para quem os primeiros princípios são corpóreos (os Atomistas);

---

liminarmente impede que sejam considerados princípios (*Timeu* 49b-51b). Quando muito, a sua identidade será salva pelo fato de serem encarados como imagens das Formas (*Ti.* 50c-51a), estruturadoras da natureza espacial do visível (*Ti.* 53b).

Essa posição é visível no *Fédon*, que coloca os elementos sempre na dependência da alma, tanto no tratamento platônico do argumento da "alma-harmonia" (88d-95b), como naquele que analisa a teoria da participação (102b-105c).

9. Em apoio da qual é citado o fragmento 109, de Empédocles: "Pela Terra vemos Terra, pelo Ar, Ar divino, pelo Fogo, Fogo destruidor, Amor por Amor e Ódio pelo Ódio funesto".

10. Não é só a transição que causa perplexidade, pois a autoria, a natureza e o conteúdo deste tratado são problemáticos. Se é de Platão, não chegou até nós, se a referência é ao *PPhil,* do próprio Aristóteles, no que nos chegou nada é avançado para lá do passo do *DA* (ver fragmento 11, de Rose). Sem pretender entrar no debate da sua eventual relação com a questão das "doutrinas não escritas", atribuídas a Platão, tentaremos adiante propor uma interpretação do passo a que a referência dá origem.

Sem nomear Xenócrates, o texto critica uma tese a ele atribuída. As referências a Xenócrates na obra de Aristóteles e à teoria dos "números matemáticos" encontram-se em vários passos, os mais importantes ocorrendo na *Metafísica:* Z2,1028b24-27, M8,1083b1-8, M9,1086a5-11. Uma lista dos passos atribuídos a Xenócrates encontra-se em W. D. Ross, *Plato's Theory of Ideas,* Oxford, 1951, 152.

— os que os assumem incorpóreos, para quem a alma é formada a partir dos elementos (Platão: ibid. 16-18) e "um número que se move a si próprio" (ibid. 30-33; não nomeados, presumivelmente, Xenócrates[11]).

Concentrada nestes, uma longa lista de referências dá secamente lugar à declaração sintética de que todos eles caracterizam a alma pelo "movimento, sensação e incorporeidade" (405b12-13). O motivo invocado é comungarem na tese do conhecimento do semelhante pelo semelhante, em virtude da qual os elementos só podem ser percebidos por participarem da natureza do percipiente (405b13-30). Mas esta linha é subitamente interrompida por uma mudança de capítulo, que introduz a abordagem separada do problema do movimento.

O movimento (*DA* A3)

Todo o capítulo 3 pode ser lido, se não como uma interpolação, como uma digressão a partir do problema da relação entre os elementos e a alma. O que está em causa nele é a tese platônica, defendida no *Timeu* e nas *Leis* X (aí, contra os pré-socráticos: 889b-e; mas veja-se a crítica aos "naturalistas", no *Fédon* 96-99), de que a vida só pode provir da vida por um ato demiúrgico, nunca por um processo natural de combinação e separação dos elementos.

Como mostraremos adiante, o enfoque no problema do movimento visa refutar a tese platônica da imortalidade da alma e a definição que a dá como "princípio do movimento" (*Fedro* 245c-246a; *DA* A3,406b26-28). Aristóteles opõe-lhe um conjunto de teses próprias visando mostrar que a alma não é essencialmente movimento. Isto quer dizer que pode mover o corpo sem, pela sua essência, se mover, sendo causa do movimento que, por acidente, se limita a acompanhar (Ibid. 24-25; A4,408a31-b18, 29-31).

---

11. Uma vez que nenhum passo dos diálogos permite atribuir a Platão a tese de que a alma é um número e que a teoria dos números matemáticos é atribuída a Xenócrates, presumimos que a ele se refere a concepção da alma como "um número automovente". Mas a crítica servirá sobretudo para fazer a ponte entre a tese platônica da alma incorpórea, automovente, e as concepções dos Atomistas, para quem ela é corpórea, embora para todos seja princípio de vida e da cognição (*DA* A4,408b32-409b18).

A polêmica acerca da atribuição a Xenócrates de toda ou parte da teoria da alma automovente é antiga, tendo concitado a atenção de respeitável número de autoridades. Mas em nada contribui para a compreensão do plano de Aristóteles no *Da alma* A.

O raciocínio de Aristóteles não é isento de confusões. O alvo último da sua crítica é a concepção, igualmente platônica, da persistência, ou existência, da alma, separada do corpo[12], da qual decorre a tese da imortalidade (*Fédon* 72e ss.).

A partir desta rejeição, as teses aristotélicas assumem a maior relevância em duas linhas paralelas do *Da alma:* por um lado, a pesquisa sobre a origem do movimento, no corpo; por outro, a teoria da ação, que visa explicar como a alma — tanto a dos homens quanto a dos animais — pode causar os movimentos corpóreos.

Deveria haver um princípio subjacente a esta pesquisa. Mas não é assim, pois são duas as faculdades superiores do homem que explicam os movimentos do corpo animado: o desejo *(orekton)* e o pensamento *(nous)*. A questão complica-se ainda, primeiro, devido à dependência destas duas de outra faculdade cognitiva, sem o concurso da qual não podem funcionar: a sensopercepção *(aisthêsis)*; depois, pelo fato de estas serem articuladas pelo amplo conjunto de operações compreendido na "imaginação" *(phantasia)*.

O saldo da teoria é, porém, nítido: tanto é a alma que move o corpo, como é este que por seu turno a move. Por essa razão, assim como não há almas sem corpo, também não há corpos sem alma (a não ser por homonímia).

A "alma-harmonia" (*DA* A4)

São, pois, bem claros a autonomia e o paralelismo das duas problemáticas, uma em relação à outra. Ora, a pergunta — a que a tradição grega já tentara responder — acerca da possibilidade de articular intimamente alma e corpo conduz à tese da "alma-harmonia".

Com a ideia da "harmonia", tanto Platão e Aristóteles como os pensadores criticados por eles visam caracterizar a alma como o princípio que, associado aos elementos, explica a unidade, identidade e funcionalidade de dado corpo animado[13].

---

12. Este princípio é o primeiro suporte da dualidade sensível/inteligível, que o Estagirita rejeita com argumentos decisivos em diversos textos, nomeadamente na *Metafísica* A6, 9.

Ao recusar a tese da imortalidade, Aristóteles distancia-se ainda de um conjunto não determinado de concepções gregas — consensualmente aceites nos diálogos platônicos —, dentre as quais se destacam a anamnese e a transmigração das almas. Os efeitos desta rejeição na avaliação do platonismo são muitos e duradouros.

13. Para Aristóteles, o passo relevante é B4,415b9-28: "A alma é causa e princípio do corpo vivo". É origem do movimento; causa, no sentido de substância, atualidade do que existe em potência, e causa final; causa ainda do movimento local, da alteração e crescimento: tanto pela alimentação como pela sensação.

Mas a teoria terá de ser considerada insatisfatória tanto por Platão como por Aristóteles pela simples razão de que qualquer par de princípios não pode ser princípio, pelo fato de necessariamente ser gerado a partir de outro e outro princípio, gerando um infinito regresso (Platão, *Fedro* 245c-d; Aristóteles, *DA* A5,410b11-16).

Mesmo assim, independentemente das múltiplas refutações a que vai dando origem, a teoria constitui uma genuína "aporia" aristotélica, por conter em germe uma constelação de problemas de capital importância no *Da alma*. O primeiro é o da relação entre corpo e alma, a que Aristóteles responde com a teoria hilemórfica: a alma é não só a forma do corpo, como o ato puro que o corpo vai atualizando ao longo da vida (*DA* B1,412a22-b5).

Mas o segundo problema, não menos fundamental, é o do poder ou poderes cognitivos da alma. A particular dificuldade de Aristóteles reside em ser incapaz de mostrar, com precisão, em que se assemelham as faculdades superiores, para poderem ser consideradas "cognitivas", e em que se distinguem, para poderem visar a objetos distintos: sejam o "percebido" e o "pensado". Finalmente, terá ainda que explicar o problema de como podem ambos concorrer para o fim último de promover o conhecimento da natureza, o qual, ele e só ele, confere sentido à cognição e distingue o homem dos outros animais.

A cognição é, pois, o coração do pensamento de Aristóteles sobre a alma, como também fora o de Platão. A alegada atribuição aos elementos materiais de poder cognitivo, por Empédocles (DK31B109) — alargada depois a Platão —, é que dá origem às mais graves confusões e a refutações, por vezes disparatadas, como veremos, no *Da alma* (A5,410a27 *ad fin.*).

O Estagirita usa a cognição como placa giratória para todas as concepções que critica, por vezes distorcendo-as, como é o caso de Empédocles e das suas avaliações do *Timeu*. Por essa razão, terá interesse, a terminar, de ilustrar uma dessas confusões, que não só afeta ainda a interpretação desse diálogo, como constitui um bom exemplo da interpretação e avaliação da concepção platônica da alma por Aristóteles. Ele quer mostrar uma possível relação entre o cognitivismo platônico e a teoria dos elementos.

Alma e cognição

No *Timeu* (36e-37c), depois de haver descrito o processo de formação da alma imortal pelo demiurgo, Platão atribui o seu poder cognitivo ao fato de ela ser composta pela combinação do Ser, do Mesmo e do Outro, com três espécies de *ousia:* indivisível, divisível e intermédia (35a-b).

É extraordinária a gravidade das confusões a que os dois passos atrás referidos deram origem, possivelmente motivadas pelo entendimento e pela tradução do termo *"ousia"* (ao longo de 35a–b repetidas vezes usado para referir o Ser).

Reconhecendo a dependência de ambos os passos citados do tratamento dedicado à dialética no *Sofista*[14], a presença de três dos cinco "sumos gêneros" visa distinguir outros tantos modos de caracterizar as Formas: em si e em relação ora consigo mesmas, ora com outras. Enquanto o Ser exprime a existência da Forma, o Mesmo e o Outro representam a sua identidade (aquilo que ela é) e a sua diferença (aquilo que ela não é). O indivisível e o divisível referem-se, portanto, a dois modos de existir: o primeiro, o das Formas, o segundo, o da multiplicidade de cópias que delas participam.

A "mistura" dos dois modos em cada um dos gêneros visará caracterizar as diversas modalidades de existência possíveis. É a presença de cada um destes na alma que lhe permite reconhecer as substâncias indivisíveis e as divisíveis, as primeiras inteligíveis, as segundas sensíveis[15]. Deste modo se geram ora as opiniões "sólidas e verdadeiras", ora a compreensão *(nous)* e o saber. Uma constatação, porém, é indisputável: é na alma e só na alma que se geram.

Como se pode ver, nestes passos como em qualquer outro relacionado com a alma, o texto não faz qualquer referência a elementos[16]. A tese capital que Platão impõe tem um alcance epistemológico, determinando a da concentração de toda a capacidade cognitiva na alma, seja a cósmica, seja a dos mortais. No entanto, a disposição da alma para se relacionar com todos os tipos de substância, envolvendo, portanto, o recurso às sensopercepções, sugerindo achar-se subjacente o princípio de que "o semelhante é conhecido pelo semelhante", introduz na tese cambiantes ontológicos que afetam a sua integridade.

A conjunção destas duas dimensões é inesperadamente agravada pelo entendimento do termo *ousia*. Se optarmos pela tradução "substância", corremos o risco

---

14. F. M. Cornford, *Plato's Cosmology,* London & Henley, 1937, 58 ss., repetidamente insiste neste ponto. Observa que a tradução de *ousia* por "Existência", que elege, remete não para "aquilo que existe", mas para o sentido da expressão em "o movimento existe" ("participa do ser": 62). L. Brisson implicitamente aceita a sugestão, ao traduzir por "Ser".

15. Poderá ser esta "presença" do sensível na alma que sugere a Aristóteles a sua constituição elemental. Todavia, não só o argumento platônico não exibe um recorte ontológico, como ainda a penetração do sensível pelo inteligível é necessária para explicar a teoria da "persuasão" da causa errante pelo Bem (*Ti.* 47e-48a).

16. Pelo contrário, a composição dos corpos dos mortais é exclusivamente atribuída aos elementos (entre muitos passos relevantes, ver a explicação das doenças do corpo: *Ti.* 81e-86a).

de condicionar um argumento epistemológico por uma distinção ontológica, abonando a leitura aristotélica que atribui a Platão a tese da formação da alma a partir dos elementos, dado não haver outras substâncias que nela possam ser combinadas. Essa suposição é ainda reforçada pelo paralelo estabelecido com o fragmento 109, de Empédocles (*DA* A2,404b13-15); suposição agravada em dois passos do argumento contra a "alma-harmonia" (A5,408a10-27, 409b23-410a12).

Provavelmente terá sido por esse entendimento de *ousia* que Aristóteles optou. Seja como for, a sua leitura tanto de Empédocles como do *Timeu* distorce os textos, atribuindo aos termos sentidos que eles não podem ter. Além disso está errada, pois, como dissemos, nada no texto platônico consente a associação da alma aos quatro elementos.

Conclusão

Cabe então perguntar pelas consequências da inexatidão e do erro do Estagirita. Mas a resposta a essa pergunta vai revelar-nos dados surpreendentes, pelo fato de a crítica a Platão produzir três ordens de efeitos, todos eles positivos.

Em primeiro lugar, todo o argumento, com os seus equívocos e os erros a ele associados, é bem revelador do funcionamento do método de pesquisa desenvolvido e aplicado por Aristóteles. Através dele torna-se fácil seguir o processo de crítica e formação conceptual pelo qual a "aporia" é identificada, explorada e solucionada. E não cabe dúvida de que o problema de Aristóteles tem consequências mais fecundas que o de Platão[17].

Em segundo lugar, a crítica ajuda-nos a compreender a concepção platônica de alma, as dificuldades com que se confronta e o modo como o filósofo as resolve. Sem essa crítica seria mais difícil, se não impossível, conferir unidade ao desenvolvimento da temática da alma nos diálogos.

Finalmente e acima de tudo, a análise da crítica permite ao intérprete ganhar compreensão do que está verdadeiramente em causa no debate que opõe os dois pensadores, prolongado pelas suas escolas. Como dissemos antes, o pomo da discórdia é a tese da existência da alma, separada do corpo, *juntamente com todos os pressupostos que a suportam*. Neste ponto, as consequências da opção de Aristóteles são imensas, começando pelo divórcio, forçado e imediato, da reflexão

---

17. Platão está sobretudo preocupado em sustentar a oposição da alma ao corpo, no contexto da dualidade inteligível/sensível; pelo contrário, Aristóteles é movido por uma finalidade mais construtiva: a de mostrar *como* a alma pode sentir, conhecer e desejar.

e investigação filosóficas, do fundo cultural e religioso em que os contextos dialéticos dos diálogos as inserem.

Platão

Pelas razões acima apontadas, não restam dúvidas de que a crítica a Platão no *Da alma* não faz jus à imensa influência que o pensamento platônico sobre a alma exerceu sobre a tradição, a começar pelo próprio Aristóteles. Embora o tratamento que o Estagirita confere ao tema se distancie de Platão e coloque as bases sobre as quais a reflexão assentará durante séculos, as diversas abordagens platônicas da alma nos diálogos constituíram a síntese a partir da qual parte a teorização aristotélica.

Para a sua abordagem da alma, as teses platônicas que sobremaneira lhe interessam são as que a caracterizam como princípio e movimento[18]. É na crítica que lhe dirige que sutilmente radica a sua própria tese de que a alma é movente do corpo, *por acidente*[19]. Por isso lhe dedica atenção.

Ao contrário do que Aristóteles sugere, é falso que se possa relacionar todos os pensadores associando-os pela temática dos elementos, pois estes recebem, no *Timeu,* um tratamento crítico que lhes retira o caráter de princípios e mostra que são de todo alheios à alma[20].

O problema da interpretação dos diálogos

Todavia, com esta reserva, atingimos os dois problemas nucleares com que confronta a avaliação teórica da produção dialógica. Por um lado, é difícil atribuir a Platão tanto as concepções que o filósofo coloca nas bocas dos seus personagens

---

18. Por essa razão, na sequência da sua argumentação, Aristóteles vai descartar inteiramente a alma cósmica, que para nada lhe serve, e de passagem a alegada defesa da constituição da alma a partir dos elementos.

19. Ao definir a alma como a forma do corpo, Aristóteles impede-se de aceitar a existência separada da alma individual. Consequentemente, embora rejeite ou ignore a metáfora platônica do movimento como expressão da finalidade, ao reduzi-la ao movimento físico (*DA* A3,405b31-407a2; em especial, 406a13-14), obriga a alma a acompanhar *por acidente* os movimentos corpóreos.

20. Atente-se ao indício de a abordagem dos elementos se situar na seção que estuda as "obras da Necessidade" (*Ti.* 47d ss.).

e nunca debate da forma sistemática que encontramos em Aristóteles, quanto as que foram produzidas na Academia, pelas quais outros pensadores serão responsáveis. Por outro, o manancial de reflexões que encontramos na obra platônica não permite esboçar uma concepção unitária da alma, sobretudo devido à diversidade de contextos dramáticos e dialéticos em que se situam as investigações desenvolvidas nos diálogos.

Esta circunstância obriga o estudioso da obra platônica a contentar-se com a enumeração dos passos em que as referências à alma aparecem, interpretando-os como elementos de um mosaico variegado, ao qual é reconhecidamente impossível conferir uma estrutura interna, quanto mais unidade.

Ora, como vimos, estas duas reservas são ignoradas pela crítica aristotélica, que refere quase tudo a Platão, por vezes cometendo graves inexatidões, como é o caso do *Timeu*. No entanto, como vimos, as perdas são menores que os ganhos. Da posição crítica do Estagirita resulta a possibilidade única de entrever, na abordagem platônica da alma, a sua unidade e sistematicidade. É nela que nos inspiramos para tentar unificar as reflexões sobre a alma, dispersas pelos diálogos.

Alma nos diálogos: digressão sobre a evolução de Platão

A sugestão permite-nos propor um princípio metodológico muito discutível. Defendemos que, a menos que haja nesse sentido uma advertência explícita, o fato de, em diversos diálogos, se manifestarem distintas concepções de alma não significa que haja contradição entre elas ou evolução de umas a outras.

Um exemplo controvertido tornará a ideia acessível. Não cremos que a concepção tripartida da alma — capital no argumento da *República* e presente no *Fedro* ou no *Timeu* — acarrete a superação da concepção unitária da alma, defendida no *Fédon,* nem, por outro lado, que esta seja incompatível com a outra. A vantagem desta proposta é não obrigar Platão a ter "descoberto" a tripartição "algures entre" a composição de vários diálogos, para mais, consensualmente situados no mesmo grupo cronológico.

Na verdade, a falta de dados seguros não permite invocar a cronologia dos diálogos para substanciar uma evolução do pensamento platônico. Nem, por outro lado, cremos que haja sequer motivo para converter a composição de cada obra no momento preciso em que dada concepção surge na mente daquele que a registra, por mais duas razões.

Primeira, a motivação para a composição de uma obra escrita na cultura grega clássica atende a fatores não avaliáveis pela nossa cultura[21]. Segunda, a ausência de um meio de reprodução mecânica dos textos permite o remanejamento futuro dos manuscritos, pelo autor ou pelos curadores do seu legado[22].

Com que fundamento se poderá então garantir que a composição de um texto representa o momento preciso da gestação das ideias nele expressas, ou fixar a sua publicação numa data precisa, como comumente será o caso depois do advento da imprensa?

É claro que seria tão inviável analisar o destino das almas individuais a partir da hipótese da tripartição, no *Fédon*, como, na *República*, defender a homologia entre a alma e a cidade sem ela. Parece-nos que a mudança de contextos dialéticos nos dois diálogos justifica a diferença de posições, sem obrigar a uma súbita descoberta da tripartição e ao correspondente descarte da visão unitária da alma individual. Até porque são frequentes os passos dos textos em que a alma imortal e divina (os dois termos acham-se geralmente associados, em Aristóteles) é tratada como se fosse a única.

Tentaremos, portanto, estudar as sucessivas abordagens da alma nos diálogos como perspectivas autônomas, idealmente integráveis numa concepção unificada, embora não numa doutrina unitária[23]. Nosso objetivo é salientar a contribuição de Platão para o tratamento do tópico sem fazê-la depender dos contextos em que é apresentada. É assim que Aristóteles a entende, embora a sua perspectiva difira completamente da dele.

Passaremos então a enumerar as características que nos parecem comuns às diversas concepções desenvolvidas nos diálogos, sem prestar atenção à diversidade de contextos em que são inseridas, nem às intenções que eventualmente presidem à sua apresentação.

Unidade, totalidade e função

Estas são as características formais que a alma, e só a alma, pode imprimir à vida. Embora se manifeste no contexto da análise da justiça, na cidade e no

---

21. Por exemplo, a fixação de uma mensagem recolhida da tradição oral, o desejo de celebrar dado acontecimento ou de preservar a sua memória para as gerações vindouras (ver TUCÍDIDES, *História* I,22,4: o registro escrito constitui "um tesouro para sempre"), ou ainda uma intenção apologética etc.

22. A própria necessidade de recopiar os manuscritos, imposta pela passagem do tempo e pelas condições climáticas, reforça essa possibilidade.

23. Sobre este assunto, é oportuno recorrer à introdução de *Para ler Platão* I, "A interpretação do *corpus* platônico", São Paulo, Loyola, 2008, 19-39.

homem, o argumento da *República* I 351c-353e mostra que só a alma, através da função que executa, pode garantir a unidade de um todo vivo.

O argumento do Livro IV complementa esta ideia, primeiro de uma perspectiva política (420c-423b). "Unidade" e "totalidade" recorrem constantemente ao longo do argumento para suportar a fortíssima tese platônica de que na cidade não pode haver divisão.

Ficará claro depois que a unidade não implica a identidade dos cidadãos, e pelo contrário justifica a proibição da mudança das funções que executam. Uma vez assegurada a identidade do todo, a divisão natural das tarefas assegurará que a cidade pode como um todo concretizar a finalidade que levou à sua fundação (423d ss.)

Manifesta-se então a tripartição da cidade a partir das virtudes de primeira ordem requeridas para o seu funcionamento adequado — aquelas que distinguem cada uma das suas partes —, a sabedoria dos filósofos e a coragem dos guardiões (428a-430c). É a partir destas que a consideração do todo da cidade pode exigir a intervenção das virtudes de segunda ordem, aquelas que necessariamente circulam por todas as suas partes: a sensatez (*sôphrosynê*) e a justiça (430c-434c). Concluída então a análise da virtude na cidade, o argumento volta-se para a alma de cada cidadão, tornando a encontrar nela a mesma divisão tripartida (434d-436b).

Seguindo linhas diferentes, a mesma exigência de unidade e identidade na definição de qualquer todo se aplica à formação do cosmo. É a alma que impõe unidade e identidade ao visível, circunscrevendo pelo seu perímetro o corpo do que se move "desordenadamente", conferindo-lhe vida. É a essa entidade que se chama cosmo (*Timeu* 30b-31b, 47e-48a).

No registro da narrativa mítica, é essa mesma função que é atribuída à alma no *Fedro* (245c-248e). Tal como no contexto da anamnese, é a unidade da alma e a sua afinidade, "congenitura" (*syngeneia*) com toda a natureza que assegura a unidade da estrutura do saber, necessária para a efetivação do processo da reminiscência (*Ménon* 81c-e).

Vida e movimento

A primeira e proeminente característica da alma é a sua eterna associação à vida (*Fédon* 106d). A alma, e só ela, é capaz de suportar e transmitir a vida. É essa a primeira e mais profunda lição a colher da narrativa da criação no *Timeu*. É ainda ela que, a nosso ver, condensa a essência da concepção platônica da alma. Como dissemos, a importância capital desta crítica ao naturalismo grego já é bem patente no *Fédon* (96a-99e), de onde as ideias de cosmogênese e psicogênese se acham ausentes.

Mas a associação da vida ao movimento inteligente — o único que visa ao Bem — constitui o ponto de partida da narrativa da criação no *Timeu* (30b ss.; ver 47d-e). Sua contrapartida na introdução da causa errante, necessária para a explicação (não a descrição, que foi feita antes) do processo de formação do corpo do cosmo[24], reforça este ponto de vista, identificando a alma e a inteligência com o Bem, e o corpo com a Necessidade (47e ss.).

O movimento cósmico, regulado pelos círculos do Mesmo e do Outro, constitui o paradigma a que todo o ser inteligente se acha submetido, reproduzido na sua cabeça, construída a partir do paradigma da alma cósmica (*Ti.* 35a-37c, 43a-44e), ele próprio copiado do modelo imortal e não criado (*Ti.* 28c-29c).

De uma perspectiva ética, a deficiência dos mortais começa logo no modo como o ritmo binário do corpo interfere com a regularidade do movimento dos círculos do Mesmo e do Outro, dando origem às duas mais perigosas doenças dos humanos: a ignorância e a loucura (43a-44d; 86b-91e).

Não admira, portanto, que haja uma alma do cosmo, dos seres humanos ou até da cidade (*R.* IX 592a-b), pois todos estes são viventes e constituem a comunidade da vida, o primeiro suporte do paradigmatismo platônico e a rota de superação da cisão aparente imposta pelo dualismo.

Saber e conhecimento

Captado o sentido da vida humana (*Fedro* 245c-257b) e assegurada a familiaridade com o processo de formação do cosmo (*Timeu*), é claro que só a integral dedicação à busca do saber pode reconduzir a alma ao seu estado original. A concepção da beleza, como recordação da contemplação das Formas (*Fedro* 250b-d) e a subsequente teoria do Amor (*Banquete* 210a-212b; *Fedro* 249d-257c) proporcionam aos dois amantes um trânsito tão doce quanto possível por este mundo e a esperança na "recuperação das asas", no outro.

Se toda a virtude é saber e a reminiscência das Formas é o único caminho para se aproximar dele, só o filósofo pode aspirar à reintegração da sua alma nos céus, na corte do exército comandado pelos deuses.

---

24. A razão pela qual é impossível descrever a criação do corpo do cosmo *antes* de ter terminado a descrição da alma decorre do simples fato de o corpo do cosmo ser delimitado pela contenção definida pelo perímetro da alma (34b-37a), como afirmamos há pouco.

Esta é uma concepção elitista da vida, pois — como também acontece em Aristóteles — a felicidade é concedida apenas àquela minoria que pode consagrar-se ao saber. É também uma visão agonística, em que a vida se assume como uma luta contínua pela reconquista da perfeição original, bem como, no além, se expressa no esforço exigido pela sua manutenção.

Aí se acha o grande mistério do platonismo, tal como os diálogos o preservam: o eterno paradigma da perfeição *antecede* o transcurso da vida. O segredo da visão platônica da vida de todos os seres animados consiste em compreender como só a esperança pode mudar esse destino, que de outro modo pode ser pressentido como a decadência até o abismo (ver a personagem "Cálicles", no *Górgias*).

Com a abordagem do saber chegamos ao coração da concepção platônica da alma. Pois nada impede que a alma imortal de Sócrates, no *Fédon*, seja aquela que, no *Ménon*, se entrega à tarefa de recordar o saber (81c-e), ou, *no Fedro*, se deixa cativar pela memória da beleza, colhida na contemplação do espetáculo das Formas (250b-d). Nada impede que essa seja a alma imortal criada pelo demiurgo, no *Timeu* (41b-d), a alma calculativa da *República* (IV 439d), ou ainda a alma que, no *Teeteto*, a partir das sensações, calcula e considera o ser e as Formas (185c-186e).

Essa alma é não só o instrumento pelo qual é atingido o saber, *como o próprio lugar do saber que a alma já possui em si* (*R.* VII 518d). Por isso, nenhuma alma que não tenha contemplado as Formas poderá encarnar num corpo humano[25] (*Fedro* 249b). Não fará, portanto, grande diferença sustentar que é a alma que investiga e recorda as Formas, que se entrega à busca do saber, ou que simplesmente pensa (*Teet.* 189e-190a), pois é nela que ser e saber se encontram[26].

Envolvida na moldura mítico-religiosa em que Platão nos transmite as mais profundas concepções culturais gregas, a tese da constituição da alma pelas Formas remete para a descrição da construção da alma imortal pelo demiurgo e o postulado da "congenitura" da alma com toda a natureza (*Ménon* 81c9-d1). A ela se deve o princípio que distingue a teoria, o qual se apoia na ontoepistemologia platônica, das concepções da cognição propostas por qualquer outro pensador.

Sustentar que as Formas são o modelo a que a construção da alma imortal obedece — suporte da reminiscência e da teoria das Formas — implica que todo

---

25. É por essa razão que as Formas não podem ser encaradas como o objeto do saber, mas a própria estrutura constitutiva da alma.

26. Neste sentido, as "teorias" da anamnese e da participação não podem ser separadas do contexto cognitivista forte — persistente em Aristóteles — em que a alma é inserida como foco do saber, de acordo com o paradigma em que o demiurgo se inspirou para criá-la.

o conhecimento se encontra à partida nas almas de todos os cognoscentes, achando-se à disposição de quem se entrega a recuperá-lo.

Significa que a estrutura da alma é análoga em todos os mortais, diferindo as almas individuais apenas pelo modo como os seus corpos as afetam e se relacionam com as Formas. Implica ainda que isto acontece antes e depois da sua encarnação em corpos: de um ponto de vista epistemológico, antropológico e ético.

Ora, como as consequências deste princípio são inavaliáveis, de um ponto de vista estritamente filosófico, a concepção platônica do conhecimento acha-se para além de uma crítica racional. Há, porém, que levar em conta o fato de as consequências da sua aceitação atenderem à exigência de inteligibilidade da concepção global.

Por essa razão, é este o momento de reconhecer que também em Platão ser e saber se dizem de muitas maneiras[27]. E particularmente que, tal como em Aristóteles[28], o saber pode ser encarado como a condição de toda a pesquisa (*Crátilo* 440a-d), a realização dessa pesquisa e o objetivo último a que visa (*R.* IV 438c): esse saber infalível, alvo de toda a tentativa de chegar ao conhecimento do ser.

Por isso, a alma que, na *Carta VII*, subitamente "compreende" (341c-d), com uma compreensão que pode ser aquela mesma com que o escravo de Ménon reconhece que a diagonal é a linha sobre a qual se constrói o quadrado de área dupla (85b-c), é ainda a alma que na *República* (VI 510b) se eleva do visível ao inteligível e escapa da Caverna, projetando contemplar as Formas e chegar ao Bem (VII 516b-c, 518c-d).

O esforço que se pede ao leitor e estudioso de Platão é que capte a inteligibilidade e coerência da teoria sem se envolver na necessidade de aceitar ou rejeitar crenças que lhe são de todo estranhas, como será o caso da transmigração das almas.

Dimensão ética da alma

Também na alma reside a sede da personalidade, o eu que busca a virtude pela própria virtude e despreza o prazer como indigno da sua natureza divina,

---

27. Ver José Trindade Santos, Conoscenza e sapere in Platone, *Il Teeteto di Platone: struttura e problematiche,* G. Casertano (a cura di), Napoli, 2002, 24-38.

28. Para quem o saber *(epistêmê)* se pode dizer de quatro maneiras: como ato puro (*DA* B1, 412a11), e como potencialidade de todo o ser humano, exercício dessa potencialidade e captação efetiva de algo conhecido (*DA* B5, 417a21-30).

sendo recompensado ou punido pelo tipo de vida que levou, enquanto a "sua" alma se achava aprisionada no corpo (*Féd.* 67e-69c, 78b-84b).

Toda a criação, a própria estrutura do cosmo, cumpre a sua função paradigmática — epistêmica, ética e política — de mostrar à alma dos humanos a única via para se reintegrarem no cosmo, na sua função de comando[29] (*Fedro* 245c ss.; *Ti.* 89d-92c).

O dualismo e a sua superação

Esboçada esta breve panorâmica da alma nos diálogos platônicos, considerando as críticas apontadas por Aristóteles no *Da alma*, caberá perguntar qual é a medida da distância que separa os dois pensadores.

Como dissemos anteriormente, não é difícil responder a essa pergunta apontando o chamado "dualismo platônico" como a perspectiva a que Aristóteles mais encarniçadamente se opõe, rejeitando o motivo que terá levado Platão a inventar o inteligível para buscar nele a estabilidade que faltava no sensível (*Met.* A6, 987b4-10; deste modo, multiplicando desnecessariamente o número de entidades: *Met.* A9, 990a32-993a10).

Para Aristóteles, o dualismo platônico tem um dupla dimensão: ontológica e epistemológica. A primeira é atacada sobretudo na *Metafísica*, nos passos acima indicados, e na *Física* (A185a20-32; ver Alexandre de Afrodísias, *In Met.* 84.29; 85.21-28). A segunda é criticada sobretudo nos *Segundos analíticos* (A18, B19).

Mas as críticas mais contundentes — aquelas em que só pontualmente é preciso nomear Platão — acham-se esboçadas no *Da alma*. Ao considerar a alma como a forma do corpo, Aristóteles obriga-se a defender consistentemente a identidade e autonomia do "composto" *(synolon)* de forma e matéria. Ora, se é natural identificar automaticamente a alma com a forma, constitui um erro grave, que desfigura inteiramente o sentido holístico do hilemorfismo, identificar a matéria com o corpo. Pois é capital reconhecer que o corpo *é o próprio composto*, uma vez que não há corpo sem alma, nem alma sem corpo!

É neste ponto que há que se fazer a pergunta. É esta concepção incompatível com o dualismo platônico? Para lhe responder é preciso perguntar ainda se o termo "corpo" exibe o mesmo sentido e conotação nos dois pensadores, sendo

---

29. Sobre a dimensão ética da cosmologia platônica, ver G. R. Carone, *A cosmologia platônica e suas dimensões éticas*, São Paulo, Loyola, 2008, em especial, 43-122.

claro que não! Para o Platão dos diálogos, "corpo" é sinônimo de sensibilidade, nas vertentes epistemológica e psicológica, e de prazer, na ética[30], enquanto, para Aristóteles, ele é o organismo vivo no qual se concentram as faculdades.

Por esta razão, é a linha "puritana" do *Fédon* que mais pesadamente contribui para distanciar os dois pensadores. Na verdade, se excluirmos as conotações platônicas, as concepções de alma de um e outro podem ser aproximadas ou explicadas.

A explicação é simples. Na medida em que considera o corpo um perigo para a alma, Platão dispensa-se de lhe prestar atenção, embora nem por isso se esqueça de que é a partir deste mundo, embora não necessariamente nele, que o saber deve ser encontrado.

Consequentemente, se, por um lado, a sensação e o vago complexo descrito como "emoções, desejos, temores, doenças, dores e outros" (*Fédon* 65c-69c, 78b-84b; *Teeteto* 156a-157c) impede o filósofo de radicá-los na natureza da própria alma, por outro, é clara a função desempenhada pelo contato com o real através dos sentidos tanto na anamnese (*Fédon* 74-75) como no conhecimento (*R.* VII 523d-525a; *Teeteto* 184-186).

Afastadas, ou suspensas, as diferenças "ético-antropológicas", não é difícil proceder à aproximação do pensamento dos dois filósofos. Tanto um como outro partiram de uma diversidade de expressões do humano que a tradição atribuía à alma. Todavia, enquanto Platão concentrou-se exclusivamente no domínio da alma cognitiva, com desprezo pelo corpo e pela sensibilidade, Aristóteles empenhou-se na definição da unidade da alma a partir de uma diversidade de afecções manifestas no corpo, as quais separou e estudou, obedecendo aos seus pressupostos religiosos e culturais (distintos dos de Platão).

Apontando a sua crítica ao sensismo de Protágoras, Platão dissolveu a pretensa unidade da sensação e da *doxa* num complexo de operações, do qual separou e estudou o principal: o pensamento (*Teeteto* 152a-200c).

Pelo contrário, Aristóteles parte das análises levadas a cabo por Platão, refinando-as cada vez mais. Contudo, no que diz respeito ao pensamento, as conclusões a que chega não estão assim tão longe das do seu mestre. Basta notar os inesperados traços de platonismo notáveis na análise do pensamento apresentada em Γ5 do *Da alma*, bem como a função do "intelecto agente" no processo do conhecimento.

---

30. É possível descortinar outras vertentes, nomeadamente a antropológica, no *Fedro*, e ontoepistemológica, no *Fédon* (78b-81b). Mas não pesam na comparação, pois acham-se de todo ausentes do pensamento de Aristóteles.

Esta conclusão deve chegar para abonar a visão unitária da alma nos diálogos platônicos acima apontada. De resto, quanto ao próprio dualismo, é oportuno reconhecer a correção de que é objeto pela parte do Hóspede de Eleia, no *Sofista* (248a-249d). Talvez seja admissível falar de "gênese" (*genesis*) e "entidade" (*ousia*), mas não haverá razão para atribuir movimento exclusivamente à primeira, condenando a segunda ao repouso eterno.

CAPÍTULO ÚNICO

Alma, cidade e cosmo

A abordagem unificada do tema da alma nos diálogos de Platão põe à nossa exposição um delicado problema metodológico. Reside ele no fato de, ao contrário do que acontece com a anamnese ou as Formas, parecer de todo impossível o esboço de uma concepção unificada que de algum modo contenha a "teoria" platônica sobre a alma. Esta dificuldade resulta tanto da antiguidade da noção da *psychê* na cultura e na tradição mitopoética gregas[1], quanto das circunstâncias em que a questão a ela associada emerge nos diálogos. Para além de referências pontuais espalhadas por toda a obra platônica, o tema é abordado nos contextos dos diversos diálogos, de perspectivas autônomas, *para nós* aparentemente alheias umas às outras.

Consideremos os textos mais importantes, sem atender à cronologia. Um caso especial é o *Fédon*, que aborda a alma individual combinando as perspectivas ética, psicológica e epistemológica, no contexto dramático forte da morte de Sócrates, permeado pelo fundo religioso grego, destituído de cambiantes místicos. Vemos esta abordagem complementada no *Fedro* e no *Banquete*, nos

---

1. Os textos clássicos sobre a alma na cultura grega são: E. ROHDE, *Psyche, Seelenkult und Unsterblichkeitglaube der Griechen*, 1894 (ed. esp.: *Psiqué, el culto de las almas y la creencia en la inmortalidad entre los griegos*, Barcelona, 1973); E. R. DODDS, *The Greeks and the Irrational*, Berkeley, 1951 (ed. port.: *Os gregos e o irracional*, Lisboa, 1988). Uma bibliografia sumária acha-se em M. VEGETTI, *L'etica degli antichi*, Roma/Bari, 1990, 107-108. Para a alma em Platão, ver T. M. ROBINSON, *Plato's Psychology*, Toronto, 1970 (ed. bras.: *A psicologia de Platão*, São Paulo, 2007).

quais às anteriores se acrescenta uma perspectiva antropológica, e também no *Timeu*, que engloba todas as outras numa ampla perspectiva cosmológica[2]. Esta vertente, já sem a abrangência do *Timeu*, será retomada no Livro X das *Leis*.

Surpreendentemente, esta diversidade de visões da alma individual e cósmica é ainda reforçada de uma nova perspectiva na *República*. Nela, a forte presença dos sentidos epistêmicos da alma, na alegoria da Linha e na analogia da Caverna, é precedida, no Livro IV, por uma abordagem distinta das anteriores, caracterizável como psicopolítica. A terminar, num outro sentido, o *Teeteto* isola o ângulo epistemológico do *Fédon*, desenvolvendo a temática com extensão e profundidade inéditas.

Como dissemos, tamanha diversidade de abordagens e domínios parece excluir a possibilidade de uma concepção unitária da noção. No entanto, tentaremos aqui condensar o tratamento platônico da alma a partir de uma única visão, potencialmente englobante de todos os contextos e abordagens acima referidos: a da alma como movimento: "o que se move a si e por si"[3] (*Fedr.* 245e-246a).

Correndo o risco de simplificar em excesso, sugerimos ser esta concepção que, no *Timeu*, nas *Leis*[4] e em menor grau na *República*, subjaz a todos os contextos. Defendemos que este traço comum, identificando a alma com a vida e a ordem, suporte da Razão, é suscetível de englobar as abordagens acima referidas.

Por outro lado, será talvez admissível que a dificuldade de compreender a unidade e a enorme abrangência da noção de alma na obra platônica e na cultura grega resulte ainda do modo como ela é encarada na nossa própria cultura. Para reforçar tal ponto de vista, bastará notar quanto a discussão filosófica em torno da noção, a partir do século XVII, conduz ao seu fracionamento ideológico.

Essa unidade abrangente acha-se no século XIX já perfeitamente cindida em áreas incomunicantes: por um lado, na psicologia, que a aborda como ciência autônoma; por outro, na psicanálise, que a trabalha clinicamente; finalmente, no contexto espiritual e religioso, em que o substrato da noção tradicional de alma se acantonou.

Toda esta evolução mostra que aquilo que para um grego é uma noção única, presente em toda a organização da vida, abordável de uma diversidade de pers-

---

2. Perspectiva variada ao longo dos três relatos da criação. Além dos dois que estudaremos adiante, no terceiro, a construção do corpo humano é precedida de um novo retorno ao princípio 69a-b, a partir do qual a narrativa passa gradualmente do macrocosmo ao microcosmo.

3. Para compreender o sentido abrangente desta definição, ver a importância que Aristóteles lhe concede no *Da alma* A3, 405b31-407b26.

4. E aí já com contornos problemáticos, resultantes do conflito entre as "almas" racional e irracional, no plano cósmico.

pectivas, para nós é objeto de tratamentos de todo estranhos uns aos outros: uma disciplina científica, uma prática clínica, restando ainda um resíduo não-analisável, do qual a arte, a reflexão individual e a espiritualidade se apropriaram.

Neste sentido, a tarefa que vamos levar a cabo aqui será, por um lado, registrar a diversidade acima referida, estudando a noção de alma nos contextos em que sucessivamente nos vai aparecendo nos diálogos. Mas não deixaremos, por outro, de tentar perceber se ela é suscetível de ser compreendida da perspectiva unitária acima referida: como a única entidade capaz de explicar a organização do real, presente em todas as manifestações da ordem e da vida.

1. Alma no *Mênon*

As referências à alma no *Mênon* ocorrem em dois blocos, situadas em dois contextos distintos e não relacionados, que serão referidos em seguida. No primeiro, encontramos duas referências, expressas na seção anamnésica do diálogo (81a-86d), antecedendo e culminando o diálogo com o escravo.

A primeira enquadra-se no fundo cultural e religioso grego, que Platão elabora e no qual insere os seus argumentos e teorias. Sócrates alude às concepções de "certos sacerdotes e sacerdotisas" segundo os quais a alma é imortal, sendo sujeita a muitos nascimentos e mortes, em sucessivas reencarnações, porém nunca perecendo. A conclusão a extrair desta condição da alma é de um puritanismo inesperado: a de que se deve viver "na maior santidade" (81b).

Após a citação de um fragmento de Píndaro (Bergk 133), esta concepção é referida mais detidamente e associada à teoria da anamnese. A alma é imortal, muitas vezes renascida, tendo contemplado "todas as coisas", neste mundo e no outro. Será por isso capaz de recordar tudo aquilo que antes viu. É a "origem comum" (*syngeneia*) de toda a natureza que lhe permite ter aprendido tudo e lhe confere a capacidade de tudo descobrir a partir de uma única recordação (o que implica a prévia estruturação do recordado: 81c-d).

Uma boa ilustração desta tese pode ser obtida através do diálogo com um escravo inculto. No comentário ao saldo do questionamento, insere-se a segunda referência à alma. Depois de ter mostrado como as opiniões "vieram à tona" no rapaz, Sócrates declara que o processo pode sempre ser repetido através do interrogatório, produzindo opiniões verdadeiras (85c-86b), visto que "a sua alma aprendeu o tempo todo" (86a), presume-se que em anteriores encarnações e ainda antes disso, o que reforça a tese da imortalidade.

A terceira série de referências inscreve-se em outro contexto: o da investigação sobre a virtude. A alma aparece aqui (88a-89a), de início com um sentido claramente ético, associada às virtudes, mas logo se revestindo de uma conotação epistêmica, em sintonia com a hipótese que identifica a virtude com o saber.

A distinguir um sentido do outro acha-se um fator da maior importância: a capacidade de utilizar a prática das virtudes de forma sempre proveitosa e nunca prejudicial[5] (88b). A tese capital é que este objetivo é atingível e que a alma pode chegar à felicidade, quando guiada pela sabedoria (*phronêsis*: 88c).

Daqui resulta ser a virtude encarada como "algo na alma", considerando-se proveitosa apenas quando esta se acha sob o império da sabedoria, de resto tal como acontece com os bens materiais (88d). A conclusão abrangente do raciocínio de Sócrates é que, no homem, "tudo depende da alma", e na alma da sabedoria (88e-89a).

*

Um breve comentário a estes dois passos do *Mênon* permite-nos compreender como a alma é abordada, nos diálogos platônicos, em sentidos para nós muito diferentes e não relacionados. Nas referências associáveis à anamnese, a alma é encarada vagamente, no curso de poucas linhas de texto, como sede da identidade pessoal e do saber, e suporte da vida individual (e possivelmente cósmica[6]).

No outro contexto, a alma manifesta-se como sede da consciência moral e entidade ordenadora da ação, que inevitavelmente se assumirá como uma forma de consciência psicológica. Mas é bem nítido que a estes sentidos expressos no texto se associam outros, aos quais não é feita referência explícita[7].

Será, no entanto, indisputável que, em qualquer dos contextos — tanto o anamnésico quanto o prático —, a alma se manifesta pelo seu poder gerador de ordem, sempre em associação às Formas inteligíveis: no primeiro a do Quadrado, no segundo as das virtudes, com as consequências éticas daí decorrentes[8].

---

5. Esta concepção, de que encontramos já traços nos diálogos sobre a virtude, caracteriza a virtude como uma prática profissional (*craft-analogy*), distinguindo-a das outras pela sua capacidade de assegurar a perfeição dos seus produtos (*Eutid*. 291c-292c).

6. A alma "tudo aprendeu", porque "toda a natureza é congênita" (81c-d). Só a narrativa do *Timeu* pode esclarecer o sentido dessas afirmações.

7. O *Fédon* capta todos os sentidos acima mencionados, tornando claros os outros a que nos referimos.

8. Não procuramos interpretar a referência às virtudes como apontando para as Formas. Apenas defendemos a possibilidade de as entendermos nesse contexto.

2. Alma no *Fédon*

O filósofo e a morte

A alma é pela primeira vez referida no diálogo na discussão em torno da atitude do filósofo perante a morte, na nunca questionada definição da morte como "a separação da alma do corpo" (64c, 67d). Esta surge inserida no contexto do debate sobre a legitimidade da opção do filósofo pela morte (61b-65a).

OPOSIÇÃO DA ALMA AO CORPO: ASPECTO EPISTÊMICO

O argumento começa com mais um aspecto da habitual comparação do filósofo com o homem comum. O vulgo pensa que quem despreza o prazer não merece viver, mas Sócrates replica perguntando pela "aquisição da sabedoria" (65a). E mostra que para atingir a verdade/realidade (*alêtheias haptetai*: 65b) e o ser (65c) o corpo é um obstáculo. Ver, ouvir, sentir dor e prazer impedem a alma de atingir as Formas, às quais os sentidos não têm acesso (65c-e). Pelo contrário, a alma do filósofo, investigando, em si e por si, com a Razão e usando o raciocínio reflexivo (66a), foge aos sentidos, na sua busca da realidade, da verdade e da sabedoria.

É o papel desempenhado pela alma na busca da realidade (o ser) que a leva a desprezar o corpo. Este, dominado pela necessidade de alimentação e presa de paixões, desejos, temores e imagens frívolas, impede-a de pensar e a escraviza. Dele derivam a cobiça pelas riquezas e inúmeros conflitos que não permitem à alma chegar à realidade enquanto se acha acompanhada por ele, isto é, antes da morte, pois o impuro não pode atingir a pureza[9] (66b-67b).

ASPECTO ÉTICO: A VIRTUDE

Por tudo isto, seria absurdo que o filósofo, depois de durante toda a vida ter se exercitado na morte, acabasse por temê-la (67d-69e). Sobretudo, porque ele é um exemplo de virtude, pela sua coragem e pela sua sensatez[10] (*sôphrôsynê*). Em comparação com a dele, a aparente virtude dos outros homens é absurda, pois

---

9. Sócrates aplica a si próprio esta conclusão, caracterizando a pureza como a separação e libertação da alma do corpo: 67b-c.

10. Aqui caracterizada como não se deixar excitar pelo desejo e pela calma e pela compostura interiores e exteriores.

patenteiam coragem e sensatez só pelo medo de se mostrar covardes e licenciosos (68c-69a). Pelo contrário, o filósofo pratica a virtude pela virtude, sem medir prazeres e dores, consistindo a sabedoria (*phronêsis*) na purificação da alma, pela completa abstenção de prazeres e dores (não cultivando aqueles e não curando destas 69b-c).

*

O argumento da oposição da alma ao corpo desempenha uma função capital na economia do diálogo. Por um lado, é através dele que todos os outros se integram no contexto da investigação sobre a natureza da alma; por outro, pelo fato de nele se manifestarem dois dos principais sentidos atribuídos por Platão à *psychê*: sede da racionalidade e consciência moral. Em contrapartida, ao corpo são atribuídas a sensibilidade, as emoções e as paixões, em suma, toda aquela atividade já considerada "psíquica" por Aristóteles; para Platão, dependente do prazer[11] e da dor, encarados como a raiz de todos os vícios[12].

Muito haveria a dizer sobre os contornos da psicologia platônica, expressa no regime de relações mantido pela interação das duas entidades opostas, por Platão designadas "corpo" e "alma". Mas o que acima de tudo deve ser sublinhado aqui é a impossibilidade de entendermos qualquer destas noções a partir daquelas que hoje temos e referimos por estes mesmos termos.

Outra questão de extrema relevância é relativa aos aspectos éticos do argumento. Ao contrário do que se pensará hoje, a mensagem platônica é revolucionária e libertadora. Ao esforçar-se por separar a alma do corpo, Platão pretende libertar a natureza humana de todas as constrições que pesam sobre ela e a alienam do vínculo que a associa ao divino. A sua finalidade última é abrir aos homens as portas de uma transcendência a que antes não tinham acesso, ou que lhes era franqueada em circunstâncias para ele risíveis[13], de modo a, finalmente,

---

11. Note-se que se acha absolutamente ausente do *Fédon* qualquer tentativa de graduar ou distinguir os prazeres. Neste sentido, o prazer eventualmente experimentado por Sócrates de passar as últimas horas da sua vida na companhia dos amigos é totalmente subsumido no exercício da racionalidade, sendo daí que recebe a sanção moral. Ou talvez a questão deva ser vista de modo totalmente diferente, como propõe a nota seguinte.

12. O que implica que, para Platão, o prazer seja uma função puramente somática, como o *Timeu* confirma, mas o *Filebo* 32c ss. nega. Voltaremos à questão adiante.

13. Esse é o alcance da crítica passageira aos ritos mistéricos (69c-d), que, no Livro II da *República* 362c ss., se tornará extremamente violenta. O que o choca é que a purificação seja concedida àqueles que se limitam a participar nos ritos. A *República* denuncia ainda a grosseria das promessas feitas aos praticantes do culto: a da felicidade eterna por embriaguez.

explorando a identificação da alma com a vida, poder converter "vida" e "morte" em meros episódios da existência da alma[14].

O argumento da anamnese

A próxima vez que Sócrates volta a falar em alma é em 76c, na conclusão do argumento da anamnese. Mas é claro que, praticamente desde o início do argumento, não esteve a falar de outra coisa. É deste modo discreto que emerge o terceiro e mais importante sentido atribuído por Platão à alma: o de sede do saber.

A alma é — como o *Mênon* 85c-86b indicia[15] — o lugar da memória das Formas. É portanto na alma que reside a capacidade que permite o exercício da anamnese e o da memória[16], sendo nesta "competência" (*dynamis*: *Rep.* V 477c) que indiretamente assenta a afirmação da existência anterior da alma na forma humana (76c; ver *Mên.* 85c-d), que aponta para a alegação de imortalidade.

Implicitamente poderemos, portanto, avançar a atribuição de um novo sentido à alma: o de sede das competências cognitivas "superiores" do "sujeito"[17],

---

14. A concepção só pode ser indiretamente colhida no *Fédon*, mas emerge com perfeita clareza do relato da criação da alma e do corpo, no *Timeu*. Por outro lado, há que assinalar a ambiguidade da noção de "vida", encarada primeiro como "união da alma ao corpo" (corolário de 64c), evoluindo ao longo do diálogo até se assumir como Forma da vida — como é patente na conclusão do argumento final do *Fédon* 104e ss., 106d. Note-se, porém, que esta ambiguidade não é lesiva do argumento. Ver G. CASERTANO, Anamnesi, idea e nome (Il *Fedone*), *Anamnese e Saber,* J. T. Santos (org.), Lisboa, 1999, 109-155.

15. Nesse contexto fala-se apenas de opiniões verdadeiras. Mas as referências à alma (ver 81b-d, 86a-b), ao saber e à anamnese são inteiramente coerentes com as do *Fédon*. De resto, como já vimos, nesse diálogo as Formas só podem ser introduzidas indiretamente, após a análise do diálogo com o escravo. Mas não se deve perder a unidade da anamnese, que implica a natureza estruturada do saber.

16. É difícil esboçar uma distinção nítida entre memória e anamnese, dado que no *Fédon* a primeira se acha totalmente subsumida na segunda (lembremos que Platão insiste no fato de ser a memória de repetidas percepções de uma relação sensível que possibilita o acesso à anamnese da Forma: ver *Fedro* 249b-250d). O *Filebo* 33a-34c, contudo, distingue uma da outra para afirmar a possibilidade de um prazer específico da alma, pelo fato de em nenhuma circunstância implicar a associação ao corpo. Em outro registro, tanto o símile do bloco de cera como o do aviário, no *Teeteto*, pela sua inserção no diálogo, após a refutação da definição que identifica o saber com a sensação, explicitamente sugerem que a memória — associada à percepção e ao pensamento — deva ser encarada como uma função da alma (ver 192a3, 194c7).

17. Como o *Teeteto* mostra na análise da noção de sensação/percepção (*aisthêsis*), a partir do final da primeira definição é possível definir os contornos de uma oposição sujeito–objeto da sensibilidade (*aisthanomenos-aisthêton*). Ver J. T. SANTOS, Sujeito epistêmico, sujeito psíquico na filosofia platônica, *Princípios* v. 11, n. 15-16, Natal, 2004, 65-82.

não localizáveis no corpo ou não associáveis ao exercício da sensibilidade (nos domínios antes referidos).

Consequências do argumento da anamnese: a natureza da alma

A aceitação da preexistência da alma à sua união ao corpo permite fazer uma segunda leitura da oposição da alma ao corpo. O medo da dispersão da alma após a sua separação do corpo (77c-d) assume agora um contorno decididamente irracional, aceita a associação da alma às Formas. Torna-se então possível questionar diretamente a natureza da alma.

A pergunta é: "A que espécie de coisas convém sofrer a dispersão?". E a resposta prolonga a cadeia de dualidades que antes tinham caracterizado a oposição da alma ao corpo. A alma é simples, enquanto o corpo é composto; tal como as Formas, a alma é imutável e uniforme, em si e por si, além de invisível, enquanto o corpo é mutável e visível. Reforçando estas identidades, a alma é dita ser "sumamente semelhante" ao racional, divino e imortal (78b-80b). Desta dupla natureza resulta que convenha ao corpo sofrer a dispersão e à alma "ser de todo indissolúvel, ou quase" (80b).

Daqui decorre ainda que o destino da alma se cumpra na sua reunião com o divino, representando a manutenção de qualquer forma de dependência do corpo o perigo de uma impureza que deverá ser expiada depois da morte[18] (80b-82a).

Daí a pouco este argumento termina (82a-84b) com a total vindicação do filósofo e do seu modo de vida, que tínhamos visto constituir o ponto de partida do argumento que antes desenvolvera a oposição da alma ao corpo (64c-69e). Comum aos dois argumentos é a tese de que a busca do saber constitui a única salvação para a alma, determinada pelo objetivo de encontrar na contemplação das Formas o restabelecimento da sua ligação ao divino (84a-b).

Interlúdio: a "alma harmonia"

Símias e Cebes não podem deixar de se sentir compelidos a aceitar esta conclusão, reforçada pela fina estrutura dos argumentos expendidos por Sócrates. Mas não se sentem convencidos. Por um lado, porque os seus temores de dissolução da alma

---

18. São aqui exploradas referências ao sobrenatural, decerto difundidas na cultura grega, além de outras formas de expiação de culpas, possivelmente aceitas pela tradição, por exemplo a assombração dos túmulos por almas penadas (81d-e). Mas Platão decerto elabora estas concepções, referindo a transmigração das almas para os corpos de animais como forma de expiação de faltas cometidas (82a-b).

após a separação do corpo não se acham de todo extintos. Por outro, porque a argumentação de Sócrates ainda não focou o destino da alma depois da morte (77b-c). Mas também por quererem ver examinada uma concepção a que aderem.

Esta é a de que a relação entre a alma e o corpo pode ser comparada à que liga a harmonia às cordas da lira. Aquela é invisível e incorpórea, enquanto a lira e as cordas são corpos compósitos e afins ao mortal (85e-86a). Ora, se a destruição da lira acarreta o fim da harmonia, não valerá esta conclusão para o corpo e a alma (86a-d)?

Cebes compartilha as dúvidas, tal como Símias, embora não aceite a dependência do corpo em que o outro deixara quer a harmonia, quer a alma. Para reforçar o seu ponto de vista propõe o exemplo de um homem e dos mantos que usa ao longo da sua vida. Sobrevive a muitos[19], mas não ao último, que persiste por pouco tempo depois da destruição da sua alma (86e-88b).

Depois de um breve interlúdio dramático, que conduz a um outro, de caráter metodológico, sobre o "ódio aos argumentos"[20] (*misologia*), Sócrates condensa as propostas ouvidas e, dirigindo-se primeiro a Símias, responde-lhes com uma crítica e uma objeção. A crítica é que não é possível aceitar simultaneamente duas concepções tão diferentes quanto o argumento da anamnese e a tese da alma harmonia. A objeção é certeira e alega que a alma, que nesta concepção é um composto, não poderá, portanto, ser anterior àquilo que harmoniza (91e-92b).

Símias não tarda a capitular, reconhecendo a superioridade da anamnese, justificada pelo fato de se apresentar na forma de argumento. Mas Sócrates prossegue o seu raciocínio, acrescentando objeções à teoria. Se a harmonia resulta dos harmonizados, não pode conduzi-los (92e-93a). Por outro lado, se é possível admitir graus de harmonia, de uma alma não se pode dizer que seja mais ou menos alma que outra[21] (93a-94b). Finalmente, não é possível explicar pela metáfora da harmonia o domínio que a alma exerce sobre o corpo, em particular em situações em que se lhe opõe[22] (93e-94e).

---

19. Imagem que sugestivamente reflete a transmigração da alma por um ror de corpos até a sua extinção. Esta concepção, além de ser necessária para a aceitação do argumento da anamnese, é repetidas vezes assumida por Cebes na intervenção seguinte.

20. Sócrates previne os seus interlocutores contra o impulso que leva a confiar irrefletidamente num argumento. Repetidas decepções, provocadas por refutações, geram a convicção de que o único argumento confiável é o de que "nos argumentos não há sanidade" (90e).

21. Sócrates tenta explorar a metáfora da harmonia em termos éticos, mas Símias mostra-se incapaz de explicar a diferença entre uma alma boa e outra má a partir dela.

22. Sócrates refere casos conhecidos de controle da dor (ginástica, tratamentos médicos, domínio das paixões e dos temores) para ilustrar a supremacia que a alma exerce sobre o corpo. Ora, se a alma fosse uma harmonia, não poderia entrar em conflito com o corpo.

Num breve comentário a este interlúdio diremos que, para além das interessantes informações que nos presta sobre as concepções correntes de alma, acrescenta aos quatro que já encontramos no *Fédon* um novo sentido para a alma: o de sede do desejo[23] e polo dominante da consciência psicológica.

Imortalidade e imperecibilidade da alma

Na complexa estrutura argumentativa que serve à unidade literária do diálogo, cujo fio condutor é assegurado pelo tema da alma, todo o argumento sobre as causas da geração e da corrupção aponta para uma conclusão. E é nela que a alma volta a emergir.

Estabelecida a natureza da relação que liga as Formas às suas instâncias (das quais são produtoras e explicativas, pela sua participação nelas: 100b-e) e solucionado o problema da variabilidade relacional das segundas, na dependência da invariabilidade das primeiras[24], o argumento passa ao estudo do regime de relações entre Formas (que pode ser de participação/inclusão ou de contrariedade/exclusão: 103c-105b).

Partindo do exame de casos como os do fogo e da neve sensíveis, em relação ao Quente e ao Frio inteligíveis, e os do Três e do Cinco em relação ao Ímpar, e do Dois e do Quatro em relação ao Par, o argumento chega à reformulação da teoria da participação[25]. E assim se atinge a dupla questão da relação da alma e do corpo com a Vida e a Morte.

Sendo a alma *sempre* a causa da vida do corpo[26] e a morte o contrário da vida, não será difícil aceitar que a alma não pode receber o oposto da Forma em

---

23. A bem dizer, este sentido achava-se já implícito no de sede da consciência moral, pois a alma não poderia ser julgada se não fosse capaz de decidir por si e ordenar ao corpo que cumprisse as instruções que lhe dava.

24. As instâncias mudam pelo modo como "recebem" cada Forma ou a que se lhe opõe, enquanto estas "avançam" ou "retrocedem" nelas, mas não perecem (100e-101c, 102a-103c).

25. Uma vez estabelecido que a inclusão das Formas umas nas outras regula o regime de participação nas Formas contrárias, a causa/explicação de um fenômeno sensível poderá ser não tanto a participação da instância na Forma epônima, quanto a participação nas Formas em que essa Forma se acha incluída (será o caso do Fogo em relação ao Quente, do Frio em relação à Neve, ou da Unidade em relação ao Ímpar: 105b-c).

26. Pela sua união a ele. Aceitando-se implicitamente que nada, além da alma, poderá causar este efeito, resulta como consequência que a alma participa da Vida, como a Neve do Frio ou o

que participa (105c-d). Daqui resulta primeiro a imortalidade da alma (105e), depois a sua imperecibilidade (105e-106d).

Estabelecida esta conclusão, dela decorre como corolário que a morte chega apenas à parte mortal do homem, retirando-se a parte "imortal e imperecida" para o Hades (106e-107a). Chega deste modo o argumento ao seu termo.

*

Este importante argumento merece detida atenção, não só por congregar dados retirados dos argumentos que o antecedem, mas também pelas dificuldades que apresenta. Podemos dividi-lo em três seções, cada uma das quais levanta delicados problemas. A primeira — na sequência das conclusões antes estabelecidas sobre a participação — é preenchida com a analogia da alma e da Vida, por um lado, com os números, por outro, com certos "universais sensíveis" e as Formas que causam e explicam as suas naturezas. A segunda aborda a relação entre a imortalidade e a imperecibilidade. A terceira extrapola as conclusões retiradas da relação entre a alma e a Vida para as almas dos homens.

A primeira seção não põe outras dificuldades para além das que resultam da necessidade de aceitar que todas as relações estabelecidas para as instâncias e para as Formas em que estas participam são válidas para a relação entre a alma e a Vida.

Já a inclusão da imortalidade na imperecibilidade, ou a identificação de uma com a outra, assenta numa premissa retórica: a de que a imperecibilidade deve ser concedida à imortalidade, sob pena do perigo de extinção da vida.

Na perspectiva vitalista da criação, expressa no *Timeu*, veremos que o perigo não decorre apenas da admissão da possibilidade de extinção das almas humanas, mas das dos deuses e do próprio cosmo, prerrogativa reservada ao demiurgo e considerada uma "ação má" (*Tim.* 41a-b; ver *Fedr.* 245c-246a).

O argumento ganha um matiz teológico quando associa a divindade à Forma da Vida (de novo, em termos coerentes com a função que a alma do cosmo desempenha no relato da criação no *Timeu*). Mas o passo é sumamente importante, pelo fato de reforçar o sexto sentido que a alma admite no *Fédon*: o de causadora, ou portadora, da vida (ver, além do *Timeu*, *Féd.* 105c-d, 106d).

Três do Ímpar. Isso mesmo atestam os exemplos imaginários da imperecibilidade do Frio e do Quente (106a-b; imaginários, porque o Ímpar não é imperecível, enquanto ímpar, tal como o Fogo e o Quente: 106c). Consequentemente, a alma não poderá receber a morte, tal como o Três e o Ímpar não recebem o Par, nem o Fogo e "o Quente no fogo" recebem o Frio.

Finalmente, o longo argumento atinge o alvo quando aquilo que acabou de ser dito sobre a alma, encarada como suporte da vida, é referido à alma de cada homem. À identificação da alma com a vida corresponde então a associação do corpo à morte (que o senso comum não poderá rejeitar).

Chega-se assim à explicação da morte — separação da alma do corpo — em termos análogos àqueles em que é explicada a comparação das alturas de Símias com Fédon e Sócrates, o resultado do encontro da Neve com o Fogo, ou a passagem do Três ao Seis, pela multiplicação pelo Dois, acompanhada pela fuga do Ímpar e pelo avanço do Par.

Concluído o argumento, a "demonstração" (*apodeixis*) foi realizada com êxito, mas o menos que se pode dizer é que, dependente como está de uma cadeia de analogias que apenas ajudam a compreender como pode ser possível, é extremamente fraca[27].

Mas o seu valor "argumentativo" não pode ser posto em causa. Do fato de apresentar razões resulta que aceita ser negado por outras razões. O que é muito diferente de apelar à adesão do auditório, pela natureza dos sentimentos que o discurso provoca, como será o caso do mito que se lhe segue. Ou, pior ainda, de não aceitar de todo a possibilidade de ser negado.

O mito escatológico

Antes de se entregar à descrição da verdadeira terra e do percurso que as almas são compelidas a fazer pelas regiões infernais, Sócrates tece algumas considerações sobre os destinos que lhes estão reservados. A sua preocupação dominante é, como dissemos, de natureza ética.

Parece-lhe injusto que a morte possa ser o fim. Se a maldade não fosse punida, isso representaria uma benesse para os maus (ver *Rep.* I 244c, II 369; *Gór.* 484). Pelo contrário, a imortalidade da alma só concede a salvação aos bons e sábios (107a-b). Depois da morte, a alma é conduzida ao juiz, que lhe reserva uma sorte coerente com o tipo de vida que levou (108a-b; ver *Gór.* 523a ss.; *Rep.* X 614b-621b).

---

27. Fato de que tanto Símias como o próprio Sócrates se mostram muito conscientes (107a-b), cremos que em termos nos quais não se acha presente a "habitual ironia socrática". Note-se, porém, como o tom de reserva com que o argumento é rematado não corresponde à seriedade das advertências éticas, expressas na coda que prepara o mito (107b-d; ver adiante 114c).

Terminada a descrição do além (113c), Sócrates volta a ponderar a sorte das almas. As responsáveis por crimes horrendos, considerados incuráveis, são precipitadas no Tártaro, para dele nunca mais saírem. As dos que, pelo contrário, podem ser curados emergem um ano depois, no cumprimento do processo da sua expiação, até passarem por uma nova encarnação. Finalmente, os que se dedicaram à filosofia e não necessitam de purificação, libertos dos seus corpos, vão habitar moradas esplendorosas (113d-114c).

A alocução de Sócrates termina pouco depois com mais uma exortação a Símias e Cebes para que cultivem a filosofia até a sua morte, a qual se limita a reiterar os conselhos expendidos antes (114c-115a). Pouco depois a narrativa termina sem que tenha sido feita outra menção à alma.

*

A síntese de todos os argumentos estudados, bem como dos dados colhidos do mito, permite-nos reforçar a sugestão de se poder apontar um traço dominante no sentido atribuído às muitas aparições de "alma" nos diálogos platônicos.

Após ter elencado diversas acepções do termo, que corresponderão a tantas outras funções por ela desempenhadas, o *Fédon* concentrou-se em mostrar como, apoiada na racionalidade e visando à busca do saber, ela é o princípio condutor da ação individual. Embora não tenha explicado por quê, esta concepção da alma acha-se associada à sua função como suporte da vida (como veremos no *Timeu*).

O puritanismo expresso pela oposição e pela recusa de qualquer associação ao corpo decerto chocará o leitor atual. E, contudo, se atentamos ao condicionalismo cultural em que emerge, mostra a inteligência visionária do seu defensor, bem mais do que a força castradora com que tanta vezes é apresentada.

3. Alma no *Fedro*

Pode-se dizer que a abordagem do tema da alma no *Fedro* complementa perfeitamente aquela que acabamos de seguir no *Fédon*, constituindo, a par do relato da criação no *Timeu*, a moldura religiosa e cultural a partir da qual Platão elabora a sua concepção cognitiva. Encontramos antes da retratação de Sócrates um par de menções pontuais à alma, sem qualquer relação com a complexa concepção a cujo desenvolvimento assistimos no *Fédon*. A penúltima delas (245c), porém, é importante para compreender o estranho comportamento do filósofo depois de ter terminado o seu discurso.

Sócrates e o discurso de Lísias

Nele e no que o antecede[28], o filósofo e Lísias (que Fedro aprova entusiasticamente) concordam que a loucura (*mania*) seja considerada um mal[29]. Mas o ponto de vista platônico obriga a uma total mudança de perspectiva sobre a loucura, pois tudo o que vem de deus só poderá ser encarado como um bem[30].

Como poderá então Sócrates compatibilizar as duas posições que tomou acerca da loucura? Eis o problema que lhe causa perplexidade no final do seu discurso, pois a divindade do amor não faz esquecer os danos que, em nome dele, o amante inflige ao amado. Dele resulta a necessidade de encarar a prática amorosa de uma perspectiva totalmente nova. A tese é explícita logo no início da palinódia: "O amor não é enviado dos céus para a vantagem do amado e do amante", mas "é para a maior fortuna (*eutychia*) que tal loucura nos é dada pelos deuses" (245b).

---

28. A tese comum a ambos é a de que a experiência amorosa causa danos, sobretudo os infligidos pelo amante ao amado. Daqui conclui Lísias ser preferível que ele "conceda favores" ao não-amante, pois este — excitado apenas pelo desejo imediato do corpo — não é, mais tarde, levado pela paixão a cometer violências sobre ele. No entanto, apesar das semelhanças, o discurso de Sócrates distingue-se do de Lísias por três relevantes razões. Em primeiro lugar, contém uma definição de amor — associando o desejo ao corpo —, na qual o filósofo se apoia para condenar os malefícios da paixão. Em segundo lugar, recusa-se a tecer o elogio da figura do não-amante. Em terceiro lugar, surpreende pela inesperada referência à alma do amado com que encerra o discurso. Estes três pontos são necessários para compreender a sutil evolução da posição de Sócrates, que o conduz, primeiro, ao silêncio (241d-242a), depois à retratação (242b ss.).

29. Para um grego clássico esta será uma atitude compreensível. Em Homero é frequente a atribuição à loucura da responsabilidade por comportamentos irracionais, lesivos de quem os comete e da comunidade (ver em HOMERO, *Ilíada* XIX 86-94, as desculpas de Agamemnon por ter precipitado a "cólera de Aquiles"; ver ibid. I 1-4; ver ainda E. R. DODDS, *The Greeks and the Irrational,* 64-101). A tese defendida por Lísias pretende que o mesmo se poderá dizer dos excessos que a paixão leva o amante a exercer sobre o amado. Sócrates não pode deixar de concordar, mas já tinha preparado o terreno para uma mudança de posição: teoricamente, ao referir o conflito interior entre o desejo inato e a opinião adquirida (237d-e); praticamente, ao referir a alma como "o que é de maior valor" (241c; ver *Crít.* 47e-48a).

30. A posição é reconhecidamente platônica (*Rep.* II 379b-380c). Aqui, a loucura pode muito simplesmente ser entendida como "uma saída de si", implicando, portanto, uma referência implícita à alma, pois é ela que é levada a "sair de si". A subsequente enumeração das quatro espécies de loucura ilustra as modalidades deste comportamento: a adivinhação, a profecia, a poesia e o amor. Todas elas apontam para uma intervenção divina, um "entusiasmo", uma entrada de deus na alma. Nas duas primeiras essa intervenção é evidente, pois só os deuses podem explicar a capacidade de conhecer o futuro. Quanto à poesia, a remissão é à teoria da "inspiração divina" (*Ap.* 22b-c; *Íon* 533c-535a), reveladora do traço mnemônico, na tradição da invocação dos deuses (ver *Ilíada* II 484-487). No que diz respeito ao amor, a questão será detidamente abordada adiante.

Cumpre-lhe então mostrar que, mesmo sendo uma forma de loucura, o amor constitui um bem. Para tal, tem de começar o seu novo discurso traçando a história da alma. E começa com um argumento sobre a imortalidade que vale a pena transcrever na íntegra.

A alma é movimento

(a) Toda a alma é imortal. Pois o que sempre se move é imortal; mas aquilo que move outro e é movido por outro, mal cessa de mover, logo cessa de viver. Só o que se move a si próprio (*to auto kinoun*), visto que não se abandona a si próprio, nunca deixa de mover, mas isto é ser fonte e princípio de movimento para as outras coisas que se movem.

(b) O princípio é ingênito. Pois todo o gerado é necessariamente gerado a partir de um princípio, mas [o princípio] não [é gerado] a partir de um [princípio]; pois, se o princípio fosse gerado a partir de algo, *não seria ainda um princípio gerado*[31].

(c) Visto que é ingênito, é necessariamente também indestrutível. Pois, sendo o princípio destruído, nem ele próprio, a partir de algo, nem outro, a partir dele, seria gerado, uma vez que todas as coisas têm de ser geradas a partir de um princípio. Assim, o que se move a si próprio é princípio de movimento. Este não pode ser destruído, nem gerado, ou todos os céus e toda a geração parariam, afundando-se, e nunca mais teriam de onde mover-se e ser gerados.

(d) Mas, uma vez que o que se move por si se mostra imortal, quem diga que esta é a entidade (*ousian*) e explicação (*logos*) da alma não se envergonhará.

(e) Pois todo o corpo movido de fora é inanimado (*apsychon*) e o que é por si movido de dentro, animado (*empsychon*), pois essa é a natureza (*physeôs*) da alma. Mas, se isto é assim, a alma não é mais que o que se move a si próprio, e por necessidade a alma seria ingênita e imortal (245c-246a; parágrafos inseridos para facilitar a leitura).

Começaremos por apresentar uma leitura do argumento, para depois interpretá-lo. O argumento começa como termina: com a conclusão[32]. O primeiro

---

31. Seguimos a emenda de Burnet e Hackforth: ver Ch. GRISWOLD JR., *Self-Knowledge in Plato's Phaedrus,* New Haven/London, 1986, 82, n. 8, 258, a quem remetemos sobre a leitura e a interpretação deste controverso argumento: 81-87.

32. O que sugere uma leitura regressiva, na qual negar a conclusão implica ter de negar todas as premissas.

parágrafo (a) apresenta duas razões para a alma ser imortal. A primeira identifica o que sempre se move a si próprio com o imortal, em oposição àquilo que move e é movido por outro, que morre ("se abandona a si próprio") mal deixa de se mover. A segunda elabora a distinção entre movimento e automovimento, o último dos quais implica que o que se move a si próprio nunca se abandona[33]. Daqui resulta ser princípio de movimento.

O remate do primeiro estabelece a transição para o segundo parágrafo (também lido regressivamente). (b) O princípio não pode ter princípio sob pena de ou não ser princípio, ou de aquilo de que é gerado também não ser princípio[34]. Mas então é também indestrutível (c). Pois, uma vez destruído o princípio, com ele cessam o cosmo e toda a geração.

Ao argumento são acrescentados três apêndices. O primeiro atesta simplesmente que a atribuição da imortalidade ao que se move por si não pode envergonhar quem a sustenta. O segundo sintetiza todo o argumento, caracterizando a alma como o que se move a si próprio, é ingênito (e indestrutível) e imortal. O terceiro esclarece a diferença entre um corpo animado e outro inanimado: um é movido de fora, outro de dentro.

*

Tal como antes, tudo se torna claro se identificamos a alma com a vida. O argumento afirma que a vida não pode morrer, porque só a vida pode gerar a vida (ao contrário do corpo, que só vive enquanto nele há vida). O corolário desta distinção é que a vida não pode deixar de ser vida, sendo essa a razão pela qual é princípio. Do fato de *ser* princípio resulta que não pode *ter outro* princípio (nem fim), daqui decorrendo por outra via a sua imortalidade.

Resta ainda outro problema. Se interpretarmos a alma como vida, como poderemos interpretar "movimento"? Que sentido atribuir a "o que se move a si próprio"? Começamos pela segunda pergunta. Podemos abordar a questão de uma perspectiva aristotélica, pensando que Platão está dizendo que "a alma (vida) é princípio de movimento"[35] e nesse sentido é princípio. A segunda pergunta só

---

33. Supõe-se a correspondente identificação de tudo aquilo que é movido por outro com o que se abandona a si próprio, "saindo de si".

34. A primeira alternativa contradiz-se a si própria; a segunda gera um infinito regresso.

35. Querendo com isto apenas dizer que a vida não tem origem fora de si, que o vivo não pode surgir do não-vivo (ao contrário do que pretendia a tradição dos fisiólogos). Implicando, portanto, com esta crítica que a vida só pode ser entendida como produto da criação de um deus vivo, como defende o *Timeu*.

na continuação do texto achará resposta. E mesmo assim uma resposta parcial, que deixa a questão em aberto[36].

Dos três apêndices, o terceiro é o único que introduz novidades, acrescentando uma nova distinção à que é feita no primeiro parágrafo. Ali aludia-se à diferença entre o que *se* move (a alma, a vida) e o que move e é movido (o corpo vivo); aqui a estes dois acrescenta-se um terceiro: o que só se move por ser movido de fora (o corpo inanimado).

O interesse do argumento reside no fato de ser o único que encontramos até aqui em que é abordada a natureza da alma, independentemente das suas ações e afecções. É esta elaboração que irá em seguida permitir cultivar a distinção entre o "desejo inato" e a "opinião adquirida" (237d-e), atribuindo a primeira ao corpo e libertando dele a segunda (desta maneira desfazendo a perplexidade de Sócrates, obrigado a atender simultaneamente aos malefícios e aos benefícios da paixão).

Mas toda a argumentação seria inútil se não se dirigisse também aos outros sentidos de alma. A questão que está aqui em discussão é saber se o amor — que todos concordaram ser um mal, pelos efeitos que tem — não será pelo contrário um bem, devido aos benefícios que traz quando bem entendido. Portanto, a identificação da alma com a vida não pode nos fazer esquecer todos os outros sentidos da noção, em particular o da alma individual.

Não poderemos ainda separar o debate sobre a imortalidade no *Fedro* daquele que encontramos no *Fédon*. A continuação do discurso tornará claro que Sócrates apresenta uma proposta só compreensível na perspectiva da imortalidade das almas do amante e do amado, portanto das de toda a Humanidade.

O MITO I: AS ALMAS E OS SEUS DESTINOS (246D-249B[37])

Já aludimos antes ao mito do *Fedro* e à função que desempenha na concepção platônica de saber. Abordá-lo-emos aqui apenas na perspectiva da alma.

---

36. Pelo fato de o *Fedro* não esgotar os sentidos do termo. Mas houve uma alusão esclarecedora. Em 245b, Sócrates antecipa a seção apologética do mito, confrontando o amante "sensato" (*sôphrona*) com o "que é movido" (*kekimenou*) "de fora", pelo corpo supõe-se. É claro que aqui faz alusão ao amante que é presa do desejo, o que nos permite, neste contexto, resolver o problema identificando "movimento" com "desejo". Mas não deveremos aprofundar esta sugestão identificando-o com o "amor"? É a esta pergunta que a continuação da palinódia trará resposta. Neste ponto, como em geral na análise do *Fedro*, recorremos ao clássico de Charles GRISWOLD JR., *Self-Knowledge in Plato's Phaedrus*.

37. Embora não tenhamos seguido exatamente a ordem da narrativa platônica, todo o relato feito cabe nesta seção do diálogo.

Estabelecida a questão da imortalidade, Sócrates avança para a da forma da alma. Expressas as limitações exigidas pela dificuldade do tópico, é proposta a imagem da biga alada e do auriga. Mas as almas dos deuses distinguem-se das dos mortais (por serem fabricadas pelos deuses e não pelo demiurgo, com materiais de segunda e terceira qualidade: *Tim.* 41a-42e). Por isso os seus cavalos são ambos bons, enquanto no caso dos mortais o cavalo negro é mau, dificultando a condução ao auriga.

Ora, a função da alma é cuidar do inanimado, estendendo-se por todo o céu. Quando as suas asas se acham desenvolvidas, governa o mundo do alto dos céus. Mas a alma que perdeu as asas é lançada para o sólido e forçada a habitar um corpo que se moverá pelo poder da alma. A este composto chama-se um ser vivo mortal, porque, ao contrário dos deuses, o seu corpo e a sua alma não nasceram juntos (os corpos dos deuses foram fabricados pelo demiurgo, têm forma arredondada e são de fogo: *Tim.* 40a).

Os deuses seguem Zeus cavalgando pelos céus, divididos em onze esquadrões, e elevando-se ao alto para contemplar "as coisas que estão fora do céu", enquanto os mortais os seguem com dificuldade, porque o mau cavalo torna o carro pesado, arrastando-o para a terra.

Na região "hiperurânia", o "ser que realmente é" (*ousia ontôs ousa*) pode ser contemplado apenas pelo espírito (o auriga) que governa a alma e é devotado ao saber. Não tem cor, forma ou tato. A inteligência divina festeja essa contemplação da justiça, da *sôphrosynê* e do saber, que nada tem a ver com a nossa, e alimenta as almas pelo período de uma revolução dos céus, nutrindo-se dela (247d-e).

Mas as almas dos mortais não dominam os cavalos e são incapazes dessa contemplação, alimentando-se de opinião, o que não fortalece o melhor da alma. É, portanto, por não contemplar as Formas que perdem as asas (que participam do divino: o Belo, o Sábio, o Bom e todos os outros que a alimentam e fazem crescer, enquanto o mau e o vil a destroem). Por isso, caem à terra, pesadas e cheias de esquecimento e maldade.

Aí esperam-nas nove destinos, dependendo da quantidade de Formas contempladas[38]: de filósofo ou amante do belo, ou da música; de um rei justo, ou guerreiro; de político, economista ou financeiro; de ginasta ou cultivador do

---

38. Recordemos que uma alma que não contemplou alguma vez as Formas nunca poderá encarnar num corpo humano. Foi por ter esquecido as Formas que perdeu as asas e foi obrigada a encarnar. É por isso que ter contemplado as Formas é condição para encarnar num corpo humano, circunstância que, por sua vez, é condição para poder recuperar as asas.

corpo; de profeta ou celebrante de ritos; de poeta ou artista imitativo; de construtor ou agrário; de sofista ou demagogo; finalmente, de tirano.

O que viver melhor ascende nesta escala, enquanto ao que viver pior caberá descê-la[39]. Uma alma só pode recuperar as asas e regressar aos céus passados 10 mil anos, exceto a daquele que por três períodos sucessivos de mil anos tiver escolhido o destino de filósofo.

Todas as outras, acabada a sua primeira vida, são julgadas, recebendo recompensa ou punição (em termos coerentes com os dos mitos escatológicos do *Górgias* e do *Fédon*), escolhendo de novo, passados mil anos, o destino que lhes aprouver. É então que uma alma que encarnou num corpo humano pode passar ao de um animal e reciprocamente. Mas a alma que nunca contemplou as Formas não pode atingir a forma humana (não podendo nunca recuperar as asas, portanto).

*

Que lições poderemos extrair desta história? Todos os aspectos são relevantes para podermos chegar a uma compreensão global da filosofia platônica e da posição nela ocupada pela concepção do saber. Por isso, todo este discurso merece de nós particular atenção. É tríplice a dificuldade que nos apresenta. Primeiro, há que integrar a diversidade de aspectos — éticos, epistêmicos, ontológicos e antropológicos — na concepção platônica de saber. Depois, proceder ao enquadramento destes na narrativa mítica. Finalmente, separar a elaboração filosófica platônica do fundo cultural e religioso das crenças correntes na sociedade ateniense (pelo menos em círculos restritos).

O primeiro problema a resolver é o da forma[40] da alma, e da alma dos mortais, aos quais o mito se destina. Como conseguir ao mesmo tempo aparentá-la ao divino e distingui-la dele? A solução de recurso é contentar-se com uma imagem, que será a do auriga que conduz dois cavalos: de boa natureza, no caso dos deuses; de naturezas mistas e diferentes, no dos mortais (246a-b). Mas os limites da aplicação da imagem geram muitas dúvidas entre os intérpretes.

---

39. Supõe-se que "melhor" ou "pior" dependerão, em última análise, do esforço que dedicaram à recuperação do saber. Desta perspectiva, a opinião — concernente ao exercício da sensibilidade — é encarada como um subproduto do corpo. Do ponto de vista epistemológico, impede o acesso ao saber devido à sua natureza acrítica e irracional.

40. Em grego, *idea*. Deveremos atribuir ao termo o seu sentido técnico, implicando que *existe* uma Forma da Alma (da qual participariam as almas dos deuses e dos outros seres vivos)? Apesar da coerência com o *Fédon* (com a inclusão da Alma na Vida, da qual decorrem a sua imortalidade e a sua imperecibilidade), cremos que não. Por um lado, pelas muitas inconsistências a que daria origem. Por outro, pela diferença que a separa das Formas das virtudes, que as almas devem contemplar (em relação às quais o termo não é usado).

Daqui nasce o problema complementar deste, posto pela utilização de "alma" no seu sentido mais amplo[41], englobando o mortal e o imortal. Apesar da sugestão, cremos não ser necessário ver no passo referência à alma cósmica, pelo modo como se enquadra no contexto da narrativa. Se a ideia que Platão quer transmitir é que a função de qualquer alma é cuidar do inanimado, o cuidado do corpo pela alma aplica-se tanto aos movimentos celestes quanto à "nossa vida".

A narrativa desenvolve-se em planos paralelos. Enquanto no plano cósmico o governo é reservado às almas dos deuses, no individual cada mortal cuida da sua alma (e corpo) como pode. No céu que cobre a Terra, Zeus e os onze esquadrões de deuses são visíveis nos doze signos do Zodíaco, enquanto nos céus do mito a incapacidade de acompanhar os deuses na contemplação das Formas faz que as almas dos mortais percam as asas e caiam. Na Terra, a sua dificuldade na condução da biga alada só se complicará com a encarnação num corpo. É evidente — e a continuação do mito vai confirmá-lo — que o cavalo negro se identifica com o corpo (e o desejo), e o branco, com a Razão.

O sentido de "alma" vai se transformando ao longo do relato. A *idea* da alma permite estabelecer a diferença ontológica entre deuses e mortais, esboçando o plano antropológico do mito. Já a função de ordenação cósmica, reservada aos primeiros, lhe acrescenta as dimensões epistêmica, ética e teológica.

O percurso é fechado com a assunção plena do sentido epistêmico da alma e a manifestação da sua vocação original para as Formas. Mas o sentido cósmico e vital da alma vai agregando matizes ontológicos na distinção das três regiões que compõem o mundo: a "hiperurânia", os céus e a Terra, onde circulam as três entidades que gerem o cosmo — os deuses, as almas aladas, e as caídas, capturadas pelos corpos.

É então que o mito avança no novo sentido de "alma" — o antropológico —, no qual se expõem os nove destinos humanos que lhe estão reservados, depois ampliados de modo a incluir os dos outros animais. Até que por último, após uma nova justificação ética, esta seção do mito (248e-249b) é com propriedade encerrada com o seu momento escatológico (em perfeito paralelismo com o *Fédon*).

---

41. Em grego, *pasa hê psychê* (246b). Traduzimos por "toda a alma", em geral. Mas deveríamos ver aqui uma referência à alma cósmica, do *Timeu*: a alma no seu todo, que englobaria todas as almas? Por um lado, é isso que a continuação do texto sugere, com a menção ao périplo do cosmo; por outro, essa opção não se acomodaria à menção às asas (246c), cuja função é capital no mito. É muito difícil separar aí a compreensão dos elementos "racionais", integrados pela narrativa, da sugestão conseguida pelo poder das imagens utilizadas.

O MITO II: A ANAMNESE (249B-250D)

Os aspectos mais relevantes desta seção do mito já foram analisados antes no capítulo dedicado à anamnese. O novo tema é introduzido pelo breve passo 249b-c, que condensa na anamnese os principais sentidos de "alma" que até aqui encontramos, conduzindo à declaração de que até então todo o discurso se dedicara à quarta espécie de loucura: o amor (249d).

É este novo contexto que permite que o amor, antes associado à beleza (237d, 238b-c), seja agora encarado como a loucura produzida pela parcial reminiscência da Beleza[42] (249d-250d). De um golpe, a orientação do desejo para o corpo foi corrigida, e o amor limitado à província da "parte mais nobre da alma", aquela que a leva a relacionar-se com o saber e as Formas (247c-e).

Esta inesperada revelação conduz à emergência de um novo sentido de "alma", o psicológico, que invariavelmente encontraremos associado ao ético. É ele que abre para a terceira e última seção do mito: aquela que condensa o núcleo da teoria platônica do amor.

O MITO III: PSICOLOGIA, ÉTICA E ANTROPOLOGIA (250E-257A)

Esta última seção do mito aborda globalmente a relação amorosa, partindo da pergunta implícita sobre a finalidade a que serve[43]. Entrega-se depois à consideração dos aspectos psicofisiológicos do impulso amoroso, daí passando à sua correção e à enumeração das recompensas dela resultantes. É aqui que a tripla natureza da alma mais claramente se manifesta. Termina com uma coda, reveladora da profunda dimensão psicológica da relação amorosa.

A reminiscência da Beleza, despertada pela visão do amado, provoca no macho a erupção do desejo. Porém, enquanto o comum dos mortais sente o desejo do corpo e se entrega a ele "como um quadrúpede" (250e), em busca do prazer obtido pela satisfação do desejo, o iniciado procede de outro modo. Vê

---

42. É imensa a importância que conferimos a este passo, documento imediatamente perceptível do modo como a anamnese estrutura a sensopercepção (250c-e). Enquanto em todos os outros casos de anamnese é considerável o esforço que a alma tem de fazer para conseguir aproximar-se da Forma, devido ao poder da visão não é isso que se passa com a Beleza. As almas conservam dela uma memória tão forte que o corpo ao qual se acham associadas lhes obedece espontânea e imediatamente.

43. A comparação dos dois apaixonados — o iniciado e o não-iniciado — conduz à pergunta sobre qual é o verdadeiro amante, que naturalmente parte da pergunta anterior sobre a finalidade da relação amorosa.

a beleza e deixa-se invadir por ela (251a-b), tornando-se presa de sucessivas vagas de catástrofes psicofisiológicas que lhe subjugam a alma (251b-252b). Mas consegue dominá-las. É aí que a descrição da relação aprofunda ainda os contornos psicológicos em que vem sendo apresentada, com a distinção dos caracteres dos amantes[44] (252c-253c).

Mas há que penetrar mais fundo na explicação da fisiologia da pulsão amorosa. Para tal, é de novo considerada a diferente natureza dos dois cavalos. O branco, à direita, "é amante da honra, com temperança (*sôphrosynês*) e pudor, e companheiro da opinião verdadeira[45]; sem chicote, é guiado apenas pelo incitamento da Razão" (253d-e).

Pelo contrário, o outro é todo paixão e desejo de prazer, resistindo com violência à contenção que emana da aliança do auriga com o cavalo branco. Chegamos assim ao coração da narrativa e à crise que caracteriza o ato amoroso. O amante, presa de tensões opostas, é obrigado a suportar, com "a memória da Beleza" provocada pela visão do amado, as dores que a repressão do impulso sexual provocam (253e-254e).

O resultado da aceitação de ambas é a orientação do impulso amoroso para a Beleza e o respeito pelo amado, que por sua vez lhe corresponde, deixando-se conduzir por ele no cultivo da intimidade. A mera presença do amado apazigua as dores do amante, de modo que até alguma satisfação sexual será consentida, embora com as limitações impostas pelo acordo do auriga com o cavalo branco (255a-256a).

É neste ponto que a análise da totalidade dos aspectos da relação amorosa condensa e sintetiza uma lição de vida. O impulso amoroso nunca deixa de se manifestar, mas aceita transmutar-se numa pletórica variedade de sentimentos e emoções, sempre temperada pelo domínio ético do saber. O acme da relação é *constatemente* atingido com a transmissão do desejo, do amante ao amado, pela correspondência do *eros* ao *anteros*: a "imagem refletida do amor" (255d).

Chegamos por fim à última fase desta seção do mito com a promessa da recompensa obtida por um comportamento virtuoso. A prática da filosofia, que

---

44. O texto refere as estirpes de Zeus, Ares, Hera e Apolo, consoante os amantes se comportam de modo reverente, agressivo ou majestático. O maior interesse do passo reside no modo como, pela primeira vez, o aspecto educativo da relação amorosa plenamente se manifesta. Seguindo a inspiração que os comanda, cada amante procura levar o seu amado a "entusiasmar-se", para poder "ser como o deus" (253a). É significativo que, pela primeira vez na análise do amor, acima do prazer, e até da transcendente experiência do influxo da beleza, cumprindo a injunção que inicia a palinódia (245b), finalmente se fale na "felicidade" (*eudaimonikê*: 253c) como finalidade da relação que une amante e amado.

45. Lembremos, do primeiro discurso de Sócrates, as "duas espécies que nos guiam": o desejo inato e a opinião adquirida: 237d.

desloca para a busca do saber o impulso erótico, confere aos apaixonados a felicidade que permite o desenvolvimento de uma amizade profunda e duradoura, que se estenderá "para lá do amor" (256c-d). E a recompensa é a prometida recuperação das asas pelas almas de ambos (256a-b).

Outros, que não cultivem a filosofia, mas se comportem com respeito pela honra, poderão conseguir também uma relação profunda e satisfatória, embora não cheguem a recuperar as asas. Poderão, contudo, ficar seguros de não mais serem forçados a empreender a viagem pelas zonas infernais (256b-d).

*

Com este passo, à noção de alma são acrescentados alguns sentidos não abordados antes e introduzida uma distinção inovadora. Reunindo fios que se estendem a partir dos dois discursos anteriores, a análise conjuga as referências míticas com os dados retirados da observação da experiência amorosa.

Explicada a pulsão erótica pela parcial anamnese da Beleza, a questão reside em saber como pode ela ser compatibilizada com o impulso para a satisfação do desejo. O retorno ao mito oferece a imagem do cavalo negro como justificação para ele[46]. E a resposta é que não pode ser compatibilizada com o corpo.

A alma — que já tinha perdido as asas porque o cavalo negro não se deixava conduzir — não pode continuar a ceder às suas pressões, vendo-se obrigada a dominar a violência com a violência. E o discurso alonga-se quer na descrição das terríveis dores experimentadas e na força necessária para as controlar, quer na subsequente promessa dos muitos benefícios a retirar de um comportamento virtuoso.

Mas há aqui algo totalmente diferente de tudo o que foi dito antes e já lemos no *Fédon*. Não só corpo deixou de ser o único responsável pela impureza da alma como, por outro lado, esta não mais se encontra na congruência que lhe era assegurada pela sua afinidade com o divino. Agora a cisão passou a inserir-se na natureza da própria alma, na forma tripartida com que a sua imagem no-la apresenta.

Daqui resulta que a alma se desdobre em tensão, conflito, consenso e controle. Ou, pelo contrário, que dos dois primeiros possam resultar a dissensão ou o descontrole. Uma vez mais, partimos da ontologia. Todavia, num momento ainda anterior à encarnação, não há como poder falar em ética. A alma erra porque é malfeita, por haver nela própria discórdia. E o mal manifesta-se como

---

46. Que no *Timeu* será complementada pela explicação da imposição à alma do ritmo binário do influxo e afluxo que governa o corpo, responsável pelas inúmeras perturbações de que a alma é vítima (42a-b, 43b-e).

mera separação do Bem, *antes ainda de haver Bem e Mal*. É essa a condenação que impende sobre a natureza humana[47].

Não pensemos, porém, que daqui resulta uma visão maniqueísta da alma, na qual à natureza rebelde do cavalo negro é atribuída toda a responsabilidade pelos males do homem, nascendo da aliança do auriga com o cavalo branco toda a aspiração ao Bem! Pois também do cavalo negro vem à alma o bem. É que, se de um mito se pode esperar coerência, não podemos esquecer que é do cavalo negro que a alma recebe a força[48] inestancável (mas não indomável) da qual brota o impulso amoroso. Só por via dela é que a alma se assume como movimento. Pois não podemos esquecer que é no conflito entre os dois aspectos opostos do desejo que reside a vida.

Se a força é usada para o bem ou para o mal, é outra questão. Com esta consideração demos o pequeno passo que, em Platão, separa a antropologia da ética, ao mostrar como *todo o bem e o mal se acham na natureza humana* e como ela tem de proceder para se desenvolver no sentido do bem. Depois disto, no mito, tudo o mais é psicologia[49]. É longa a antevisão de quanto a alma padece para poder ou não triunfar sobre a diversidade constitutiva da sua natureza e que caminhos tem de trilhar para cumprir o destino por ela escolhido.

A entrega à filosofia do triunfo na prova olímpica (256b) coroa todo o discurso, uma vez mais congregando na parte epistêmica da alma[50] a mensagem de

---

47. Tentando aprofundar as implicações desta situação na teologia platônica, lembremos que o demiurgo entrega aos deuses, que acabou de criar, a tarefa de criar os mortais: *precisamente para que possam ser mortais* (41c). Isso não o torna, porém, aos olhos de Platão, minimamente responsável.

48. Lembremos, uma vez mais, a críptica referência de 245b que contém a mensagem secreta da palinódia: pelo que aí é dito, o verdadeiro amante será o que "é movido" e não o "sensato". Esse será talvez o não-amante, ou, de qualquer forma, "o que não ama", *porque é no amor e pelo amor que a alma é movimento*.

49. Não apenas a descrição da psicofisiologia dos padecimentos e labores da alma, mas a identificação das estirpes de alma com as imagens divinas que regulam a relação amorosa (252c-253c) acrescentam aos anteriores um novo sentido de alma: o de sede da personalidade e polo dominante do caráter. É nela que mais adiante entronca a exigência da retórica platônica de adequar o discurso à natureza da alma do destinatário, como paradigma da "condução das almas" (*psychagôgia*: 270b-272b, 273d-274b).

50. Como sede do saber. Há nesta concepção da alma — e a dois títulos — uma carga tremenda, que opõe Platão a qualquer outro pensador ocidental. Fazer da alma sede do saber equivale a impor-lhe um fundo *objetivo*, no qual nenhuma alma se distingue de outra! Sustentar que a sua salvação reside na possibilidade de recuperar esse saber é dissolver-lhe a personalidade, limitando esta à relação passageira com cada corpo em que encarna.

A alma que se salva acumula todas as suas encarnações. O dito de Empédocles (DK31B117): "Já fui rapaz, fui donzela, ave, arbusto e mudo peixe que salta no mar", pode apenas sair da última encarnação, proclamando a dissolução do eu no saber. Por outro lado, localizar o saber na alma é convertê-lo no seu único destino. O saber salva a alma só por ser nele que ela se encontra toda!

Platão: é no amor ao saber que melhor se conjugam a unidade e a diversidade da alma humana.

A condução da alma: boa e má retórica

Doravante, a alma não mais perderá o protagonismo no diálogo. Tudo o que se diz, tudo de que se fala se relaciona com ela. Com o fim da palinódia, o problema do amor — a questão do conteúdo dos discursos de Lísias e Sócrates — foi resolvida. Resta outra. Como poderemos, da perspectiva da filosofia, avaliar as obras da retórica? Como poderemos julgar as produções escritas? São estas as duas perguntas que fornecem o contexto da investigação realizada ao longo do resto do diálogo e lhe conferem a debatida unidade[51].

A "CONDUÇÃO DAS ALMAS" (*PSYCHAGÔGIA*)

Reconhecida por Fedro a superioridade do discurso de Sócrates sobre o de Lísias, os dois interlocutores entregam-se a uma avaliação da retórica (258d). A questão em apreço é a da indispensabilidade do conhecimento da verdade pelo orador[52] (260e ss.).

É desta tese que resulta a definição da arte retórica[53] como "uma 'condução das almas' por meio de discursos não apenas nos tribunais e outras reuniões públicas, mas em privado"[54] (261a).

---

51. O debate sobre a unidade do *Fedro* não tem sentido. Ver Malcolm HEATH, The Unity of Plato's *Phaedrus*; Christopher ROWE, The Unity of *Phaedrus*: a Reply to Heath; The Unity of *Phaedrus*: a postscript, *OSAPh* VII (1989) 151-192. Parece-nos inútil tentar encontrar um sentido no *Fedro* (ou em qualquer outro diálogo platônico) separando a investigação do plano dramático e opondo mito à argumentação. A unidade do *Fedro* reside nos temas que o percorrem: a alma, o amor e a retórica, que a interpretação não pode separar uns dos outros (ver J. T. SANTOS, Platão, o amor e a retórica, *Philosophica* 9, Lisboa (1997) 59-76.

52. Esta é a questão central do *Górgias*. Defender que o "saber do justo e do injusto" não é necessário para produzir a persuasão (*Gór.* 454e-455a; "sem instrução": 458e-459c) nas assembleias equivale a dispensar o orador de conhecer a verdade sobre o tema dos seus discursos. Paralelamente, as subsequentes intervenções de Polo e Cálicles visam à única finalidade de tentar provar a alegada independência da retórica em relação à virtude.

53. Lembremos que no *Górgias* Sócrates nega aos seus interlocutores que a retórica seja uma arte (462b-466a). Esta posição tem todo o sentido no contexto polêmico ("anatréptico") do debate, mas não no *Fedro*, pelas razões a seguir aduzidas.

54. Esta última cláusula evidencia a mudança de posição de Platão em relação à retórica. A desafetação da retórica dos domínios exclusivamente políticos cancela a alegação de Górgias da impossibilidade de instrução das audiências (455a), na qual assenta toda a sua argumentação

A partir daqui Sócrates sucessivamente critica a técnica retórica de Górgias (261c-d) e de Zenão (261d-262a), cuja finalidade lhe parece ser produzir o engano, logo manifestando a sua indiferença à realidade[55] (262b-c). Passando ao exame do discurso de Lísias (tomado como exemplo de criação retórica), critica-o pela carência de exaustividade (263b-e) e de ordem (264a-265b).

Contrapõe a esta falta de seriedade a perspectiva da dialética, que coleciona sinopticamente numa Forma os "particulares dispersos" — visando à clareza da definição (265d) —, e que divide depois em classes, "pelas articulações"[56] (265e).

Prosseguindo a crítica, Sócrates alude à necessidade de ordenação interna dos discursos[57] (266d-276e), debatendo questões avulsas, a partir das contribuições de diversos autores (268a-270a), até chegar à enunciação do princípio, retirado da prática da medicina, de que a "natureza" (*physin*: 270b) deve ser examinada separadamente, no corpo e na alma, tomando nota de que a alma (e o corpo, acrescenta Fedro) só pode ser examinada a partir da natureza do todo (ver *Cárm.* 156d-157b), tendo em consideração se é simples ou multiforme. Consequentemente, será necessário explicar:

1. a natureza da alma e do corpo, se aquela é uma unidade homogênea, ou se é multiforme, como o corpo (271a);
2. que ação realiza e sobre quê; ou que paixão e por ação do quê (271a);
3. classificando os discursos e as almas, harmonizando umas com outros, investigar causas e efeitos produzidos (271b).

---

sobre a imaterialidade da exigência de "saber" aquilo sobre que se fala (261b). A referência seguinte às questões "grandes e pequenas", "sobre assuntos sérios e de menor importância", só reforça esta alteração, como é confirmado pela reação de Fedro e pela orientação impressa à investigação.

55. Chamar "retórico" a Zenão é confundir argumentação com persuasão. Parece que Platão quer expressamente condenar todo o uso do discurso que explora a perplexidade causada ao interlocutor para o obrigar a ceder à pressão de que é vítima. Poderá perguntar-se se não é esse o efeito que Sócrates consegue sobre os seus interlocutores nos diálogos elênticos.

56. A exigência da divisão "pelas articulações" visa preservar a integridade das partes num todo. Dois pontos ainda sobre este importantíssimo passo. Primeiro, note-se como complementa a breve nota que sintetiza a concepção anamnésica do saber, de colecionar numa Forma inteligível a multiplicidade das (informações colhidas através das) percepções sensíveis (249a-b). Segundo, esta divisão "pelas articulações" implica a obrigação de respeitar na divisão a integridade e a unidade das Formas, contidas na Forma inclusiva (ver os exemplos da crítica ao discurso de Lísias; ver ainda *Sof.* 253d-e; *Polít.* 262a-263a).

57. Sócrates nomeia na crítica diversos expoentes da retórica, referindo conhecidos *topoi* introduzidos pelos referidos oradores.

Impõe-se então a conclusão a extrair da análise. Sem conhecer a natureza da alma não será possível *escrever* com arte (271b-c). Por estas razões, para "conduzir as almas" é necessário conhecer as "formas de alma" e classificá-las, procedendo do mesmo modo para os discursos (271c-272a), para depois adquirir o sentido da oportunidade (o *kairos*, pelo qual Górgias era famoso: o texto não presta a informação). O objetivo é saber quando se deve falar ou ficar calado, cuidando da qualidade do discurso, do tempo, pela brevidade ou pela extensão, segundo a espécie de sentimento a transmitir (272a-b).

Mas há quem pense diferentemente e pretenda que a verdade é estranha à oratória, devendo apenas ser tido em conta o "persuasivo" (*pithanon*). Terão esses que prestar atenção ao provável (*eikos*), visando à verossimilhança (*ta eikota*) quer na acusação, quer na defesa (272d-273a; esta estratégia de discurso é exemplificada pelo caso de como dois homens que se bateram, um forte e um fraco, deverão argumentar: 273b-c). Mas Sócrates tem severas críticas a tecer a esta concepção (273d-274a).

*

Esta extensa e abrangente crítica da retórica, ao contrário da que é apresentada no *Górgias*[58], mostra-se inegavelmente construtiva, tornando evidente não tanto o desejo de Platão de legislar sobre a retórica quanto o de *apresentar a sua própria concepção da arte retórica*. Esta intenção é patente numa série de pequenas notas que inteiramente distinguem a crítica a que a disciplina é submetida no *Fedro* da que é apresentada no *Górgias*.

A primeira é que a retórica é abordada e criticada *como uma arte*. A segunda expressa-se na própria possibilidade de definir a arte retórica. Ao considerá-la uma condução "das almas"[59], Sócrates implicitamente propõe a sua retratação como o exemplo da concepção de retórica que vai expor.

O terceiro e o quarto pontos acham-se intimamente associados. A partir deste momento, a retórica deixa de se circunscrever às questões meramente políticas, pelas quais se dirigia às multidões. Agora, "em privado", pode contemplar as

---

58. Que argumenta em três linhas distintas e encadeadas. A primeira crítica é técnica, mostrando que numa arte o orador *não pode* (como Górgias pretende) deixar de possuir o conhecimento das matérias sobre que discorre, alegando a impossibilidade de transmiti-lo à sua audiência. Sobre esta crítica assenta uma insinuação de impiedade (condensada na imputação ao orador da responsabilidade pelo mau uso da sua obra). Nela assenta a terceira crítica, ética (dirigida a Polo e Cálicles), que prova que o orador não pode ser indiferente à virtude.

59. E não dos corpos, visando ao prazer e à adulação das audiências, como é consistentemente alegado por Sócrates, de 463a até ao final do *Górgias*.

questões "sérias", que têm "grande importância" para os homens. É desta completa reformulação da arte que nasce a necessidade de regulá-la, sendo essa a base para as críticas à escrita que Sócrates desenvolverá seguidamente.

Note-se que com elas Platão não está mais criticando a retórica *de fora*, mas falando de uma arte de que ele próprio pode e deve se considerar um cultor. Por outro lado, *a outra retórica* não desaparece[60]. É ela a visada pela crítica *à escrita e às suas utilizações*[61], que conclui o diálogo e à qual passaremos a seguir. É, pois, no contexto da orientação da retórica para a alma, e no da defesa da anamnese, que esta última seção deve ser entendida.

Crítica à escrita e às suas utilizações

O MITO DE THEUTH

Um breve mito relata o diálogo entre Thamos e Theuth, o inventor da escrita[62]. Uma vez mais, o apelo à "moldura mitológica" — lugar privilegiado da cultura e da memória — constitui o ponto de partida da elaboração do discurso platônico[63]. O passo merece ser transcrito.

(a) Engenhosíssimo Theuth, um homem é capaz de criar os fundamentos de uma arte, mas outro deve julgar que parte de dano e de utilidade possui para quantos dela vão fazer uso[64].

---

60. Vemo-la visada nas continuadas referências aos seus cultores, mas sobretudo nas críticas finais ao probabilismo (272c-274b).

61. E não tanto à escrita, em si, como pretende a generalidade dos comentadores, nomeadamente os defensores da tese das "doutrinas não escritas". Não só essa finalidade se acha expressa na declaração inicial de Thamos, como o teor das críticas apresentadas o confirma, ao abordá-la como *technê* (ver M. DIXSAUT, *Le Naturel philosophe*, Paris, ³2001 (ed. it.: *La natura filosofica*, Napoli, 2003, 26-27).

62. Para uma apreciação global da posição de Platão sobre a escrita, ver M. VEGETTI, Dans l'ombre de Thoth. Dynamiques de l'écriture chez Platon, in Marcel DETIENNE (ed.), *Savoirs de l'écriture*, Lille, 1989, 387-419.

63. À força invasiva da inovação tecnológica — cujos méritos não são contestáveis (ver *Fil.* 18b-c; 16c-17e) — Platão opõe a exigência de controle da técnica pelo saber arqueológico, representado pela figura de Thamos. Como de costume, o critério do utilizador sobrepõe-se ao do produtor.

64. Ver a paradigmática aplicação do mesmo critério na *República* X 601c-602a e no *Crátilo* 390b-d, que impõe o controle do utente à produção dos artífices. Aqui, porém, como dissemos, o argumento incide sobre o objeto visado pela crítica: os seus "efeitos", a sua utilidade.

(b) Ora, tu, neste momento, como pai da escrita que és, por lhe quereres bem, apontas-lhe efeitos contrários àqueles que ela manifesta. É que essa descoberta provocará nas almas o esquecimento (*lêthên*) de quanto se aprende, devido à falta de exercício da memória (*mnêmês*), porque, confiados na escrita (*dia pistin graphês*), é do exterior, por meio de sinais alheios, e não de dentro, por si, que obterão a reminiscência (*anamimnêiskomenous*). Por conseguinte, não descobriste um remédio para a memória (*mnêmês*), mas para a recordação (*hypomnêseôs*).

(c) Aos estudiosos oferece a aparência de sabedoria e não a verdade, já que, sem instrução, tornados por ti "ouvintes de muitas coisas"[65] (*polyêkooi*), hão-de considerar-se muito sabedores, quando são ignorantes na sua maior parte, e além disso de trato difícil, por terem a aparência de sábios e não o serem verdadeiramente[66] (274e-275b).

As dificuldades são de duas ordens: as de interpretação do sentido do texto concentram-se em (b); as que têm a ver com a avaliação do seu alcance, em (c). Abordemo-las pela ordem em que nos aparecem.

O que quer Thamos dizer com a "contrariedade" (*tounantion*) dos efeitos da escrita nos que dela se servem? Theuth alegara que a escrita tornaria "os egípcios mais sábios e de melhor memória (*mnêmonikôterous*)". Thamos contrapõe que os tornará mais esquecidos pelo fato de não se recordarem "por si" do "que" (ou "dos sinais que") têm "dentro de si", mas por confiarem numa memória "exterior", gerada "de fora" (*exôthen*), por sinais "alheios" (*allotriôn*)[67]. Daqui resulta constituir a escrita um instrumento meramente mnemônico: de recordação, mas não de reminiscência[68].

---

65. O termo "ouvintes de muitas coisas" é revelador dos meandros pelos quais passa a palavra na cultura grega. De um discurso efetivamente pronunciado é feita (por um escriba?) uma cópia escrita. Adquirida pelos interessados, será seguidamente memorizada para ser reproduzida (ver o exemplo do próprio Fedro, no início do diálogo). Deste ponto de vista, a leitura é convertida em veículo de uma segunda audição, à qual o autor do discurso não está presente.

66. Tradução J. Ribeiro Ferreira, PLATÃO, *Fedro*, Lisboa, 1997; com divisões por nós inseridas e uma modificação no parágrafo (c). Continuaremos a recorrer a esta tradução, porém inserindo algumas modificações.

67. "Alheios" por quê? Decerto pelo fato de a escrita não passar de uma tecnologia, de um produto da arte. Pelo contrário — como a palinódia mostrou —, *o saber e a reminiscência estão dentro da alma* (275a). Desta circunstância resulta que os escritos só servem para recordar *os que já sabem* daquilo sobre que foram escritos: 275c-d.

68. A diferença entre uma e outra só terá sentido no contexto da cultura grega e do platonismo. Enquanto a mnemônica é uma técnica que visa à fixação e à reprodução de uma mensagem

É, portanto, claro que com "memória", "reminiscência" e "interior" o rei se refere à anamnese e às Formas[69], enquanto, pelo contrário, com "exterior" se refere a escritos, e com "sinais alheios", às letras escritas, ou a qualquer informação recebida acriticamente, sem a intervenção da alma. Resulta evidente a contraposição de dois tipos de memória distintos, inconfundíveis e com consequências, para Thamos, totalmente opostas.

A prova da alegação é fornecida em (c). A escrita oferece aos leitores:

1) não o saber, mas uma sua aparência ("opiniões", *doxousin*: 275b1);
2) "muitas coisas ouvidas" sem instrução[70];
3) não sabedoria, mas ignorância. A contraposição implicitamente identifica o autêntico saber com a estrutura unitária daquilo que se sabe (ver *Mên.* 81d) e o autoconhecimento[71] (daquele que sabe).

O passo termina com a referência às indesejáveis consequências morais da ignorância.

Em síntese, Thamos critica a escrita pelo fato de impedir a anamnese, logo a busca do saber. Mas por que há de impedi-la? Haverá algo de incompatível entre a produção e o consumo de discursos escritos e a reminiscência? É sobre

---

sensível, necessariamente acrítica, a reminiscência é um procedimento dialético que visa à recuperação da memória de uma Forma inteligível. Consequentemente, só a reminiscência visa à aquisição do saber, enquanto, pelo contrário, a recordação se limita a reproduzir um alegado saber, que decerto não se acha na alma do leitor. Daí o equívoco dos que usam a escrita conferindo à instrução fixada um valor que ela pode não possuir. Os sinais serão "alheios" porque são estranhos à alma, que nunca antes tinha tido contato com eles e com o discurso que suportam.

69. Poucos intérpretes veem no passo uma referência à anamnese. Citamos: J. GRISWOLD JR., op. cit., 205-210; G. RODIS-LEWIS, L'articulation des thèmes du *Phèdre*, *Revue Philosophique de la France et de l'Etranger* 165 (1975) 32; J. KLEIN, *A Commentary on Plato's Meno*, Chappel Hill, 1865, 152; J. DERRIDA, La pharmacie de Platon, *La dissémination,* Paris, 1972, 154 passim. O número dos que a rejeitam quer expressamente, quer por omissão, é enorme. Não nos é, portanto, possível a confrontação com as razões que apresentam — quando o fazem — para excluir a anamnese do contexto da crítica de Thamos a Theuth. Mas cremos que só pode apoiar-se na ausência de uma referência expressa no texto, desqualificando o uso da forma *anamimnêiskomenous* (275a4).

70. "Sem instrução" significa evidentemente "sem mestre", mas, por consequência, também pode implicar sem a "reflexão" e a "compreensão", que constituem as marcas do saber anamnésico: "tirar de si" as opiniões (*Mén.* 85b-e) e sistematizá-las, através do "interrogatório muitas vezes repetido". Obtida a compreensão, é na autenticidade das opiniões e na sua ponderação pela inteligência que reside o sentido "crítico" do saber (*epistêmê*).

71. O ouvinte do discurso memorizado lhe é triplamente inferior: por ouvir muitas coisas desgarradas, às quais não dá, nem pode dar, assentimento crítico, por não as ter tirado de si, para mais, por interposta pessoa, sendo obrigado a memorizá-las sem refletir.

este equívoco que repousa a maior dificuldade de avaliação do alcance do passo, bem como do que se lhe segue (que dele se distingue pelo fato de a crítica aos textos escritos só indiretamente implicar a anamnese).

O que está aqui em causa é a alegação de incompatibilidade radical entre a escrita e a anamnese, logo o saber, portanto a filosofia. E a particular dificuldade de interpretação do passo assenta na inconsistência patente no fato de aparentemente Platão *criticar a escrita escrevendo*.

Mas a inconsistência não é inevitável, pois o alvo da crítica não é, em si, a escrita, mas os seus produtos e as utilizações que suscitam, como dissemos[72]. Isso é bem evidente nas objeções de Thamos. O erro resulta da "confiança" (*pistin*) dos leitores *na* escrita, não da escrita ou dos escritos em si mesmos. A "memória exterior" degrada-se na mera memorização, que sem dúvida será impeditiva da anamnese, da reflexão, da compreensão, portanto, numa palavra, do saber.

Na busca do saber, o discípulo não pode dispensar o auxílio do mestre, que o conduz pelo exercício do *elenchos*. Substituí-lo por uma instrução fixa, dogmática e acrítica é atingir o coração da metodologia da pesquisa filosófica, inviabilizando a reflexão e a anamnese[73]. Por último, há que atender ainda ao fato de a mensagem fixada por escrito ser uma contrafação da original, dado que o seu autor não se acha presente para defendê-la (ver 275d ss.).

A falta não cabe, portanto, a Theuth, mas àqueles que confundem "memória" com "recordação"[74], falta que só derivativamente lhe poderá ser imputada,

---

72. Ver J. Trindade Santos, Platão, o Amor e a Retórica, 69, 74, n. 36; ver ainda: Platão e a escolha do diálogo como meio de criação filosófica, *Humanitas* XLVI, Coimbra (1994) 170-176. O exemplo do próprio Fedro é flagrante, representando-o a tentar memorizar o discurso que traz debaixo do braço, demitindo-se *ipso fato* de compreendê-lo e criticá-lo. Notem-se ainda: 1) as *defesas* da retórica e da escrita, focadas na figura de Lísias — 257c-258d,-277d-278b; 2) além do paralelo evidente entre a crítica de Thamos a Theuth e a invectiva de Sócrates contra Tísias: 273d-274a.
Num outro registro, perguntemos ainda que possibilidade teria Platão de distinguir a escrita das suas utilizações, se tão profundamente associadas se achavam na vida cultural da cidade. Sobre o alcance político da crítica, dirigindo-a aos logógrafos (logo a Lísias), ver: M. Narcy, Platon, l'écriture et les transformations de la rhétorique, in Livio Rossetti (ed.), *Understanding the Phaedrus*, Skt. Augustin, 1992, 275-279; G. Cerri, Il ruolo positivo della scrittura secondo il *Fedro* di Platone, in ibid., 280-284.

73. Lembremos o cuidado posto na adaptação da mensagem ao "tipo de alma" do discípulo (271c ss.).

74. Recordemos 249c, onde o "reto uso das recordações" não cria qualquer conflito com a memória, antes contribui para a iniciação "em mistérios perfeitos". Mas aí, note-se, as "recordações" (*hypomnêmasin*: 249c7) são daquilo que a alma outrora contemplou, reminiscência (249c1). Recordemos ainda a renovada associação da recordação ao saber, em 278a.

pois ele reclamara apenas que as letras tornariam os egípcios "mais sábios e de melhor memória"⁷⁵ pelo fato de serem dispensados do esforço de memorização imediata das mensagens⁷⁶.

A "aparência de saber", as "muitas coisas ouvidas sem instrução", a "ignorância", bem como a consequente arrogância resultarão então da anulação da exigência de autenticidade e reflexividade do saber pela massa inautêntica de informações dispersas, retida de forma acrítica⁷⁷.

Os erros dos escritos e a boa utilização da escrita

Abandonado o mito (257b), Sócrates prossegue, enumerando por sua vez as críticas que tem a apresentar à escrita:

1. Só serve para recordar os seus utilizadores (portanto, os seus autores) daquilo que escreveram (275c-d);
2. semelhante à pintura, mantém na sua vida aparente um silêncio solene (275d);
3. questionada, responde sempre com o mesmo quer a entendidos, quer a não-entendidos (275d-e);
4. incapaz de se defender, necessita sempre do socorro do seu "pai" (*tou patros*: 275e).

Na esteira das críticas apresentadas por Thamos, Platão concede à escrita a função que na cidade lhe era atribuída. Como dispositivo que servia a finalidades exclusivamente mnemônicas, a sua única utilidade residia na capacidade de *fixar* mensagens, cujo conteúdo lhe é de todo alheio.

Estabelecido este ponto, a análise volta-se para o questionamento do alcance educativo de uma tal estratégia (que sabemos ser a dos sofistas⁷⁸). Suspendendo

---

75. Mas a "melhor memória" (*mnêmonikôterous*) será equivalente à sabedoria? O termo aponta a utilização mnemônica da escrita, entendida como mero suporte de uma mensagem a fixar para posterior reprodução. É essa tarefa de fixação que a escrita induz os indivíduos e as sociedades que com ela começam a tomar contato. Se concedemos que é esta dimensão da escrita que se acha no cerne das críticas apontadas, a alegada inconsistência desvanece-se de todo.

76. Teuth não terá previsto o retorno da memorização no desejo do leitor de guardar na sua memória, para podê-la reproduzir, a mensagem expressa no escrito.

77. "Acrítica" porque quem as recebe se dispensa de refletir, melhor, é impedido de o fazer, conservando as mensagens como suas! Lembremos que os exercícios de memória constituíam uma das peças do ensino sofístico, degradando a aprendizagem em imitação servil, transmitindo conteúdos ensinados "por indireção", sendo ainda comuns nas exibições dos sofistas; ver *Hípias maior* 285d-286c; *Hípias menor* 386c-e.

78. O exemplo de Fedro constitui uma deliberada denúncia desta estratégia (227c-228b). A *epideixis* constituía a oportunidade de angariação de discípulos. A venda do discurso escrito

momentaneamente a resposta, Platão mostra que o "bom" discurso terá de ser, "tanto pelo modo como nasce, como pela sua natureza, melhor e mais potente..." (276a) — pelo fato de não padecer das insuficiências do seu "irmão". É imediatamente identificado por Fedro como "a palavra viva e animada (*dzônta kai empsychon*) do homem sabedor, da qual a escrita pode justamente ser declarada a imagem"[79] (276a).

Confirmando a conclusão, Sócrates propõe a curiosa comparação da obra de um agricultor que brinca e não é sério, por lançar fora do tempo a preciosa semente em qualquer "jardim de Adônis[80]", esperando vê-la frutificar "em oito dias", e outro que, "seriamente, segue as regras do cultivo, planta as sementes num solo adequado, e se alegra quando o que semeou chega em oito meses à perfeição" (276b).

A crítica abre outra linha de assalto à pedagogia da retórica. Reduzindo a aprendizagem à mera fixação de mensagens não assimiladas nem compreendidas, a escrita favorece a captação acrítica de informações, em tudo alheia à transformação que deve despertar no aprendiz.

Para chegar a essa conclusão, começa por sustentar que:

> aquele que tem o saber do justo, do belo e do bom ... seriamente não os escreverá ... ... com água escura[81], semeando-os com uma pena, com palavras que não podem socorrer-se a si próprias, incapazes de ensinar cabalmente a verdade (276c).

As palavras "não podem socorrer-se a si próprias" por não "prestarem contas" (*logon didonai*) do que dizem[82], por não engendrarem na alma outros discursos. Pelo contrário, a palavra viva e animada deixa-se refletir na sua imagem

---

contaria já como início da lecionação. Toda a pedagogia funcionava indiretamente e assentava na imitação (ver H. I. Marrou, *Histoire de l'éducation dans l'Antiquité*, Paris, ⁶1965, 96-98.

79. As quatro alegações acima correspondem à primeira e terceira críticas finais de Thamos, no passo traduzido. Mas só as duas de 276a podem ser consideradas elucidativas da acusação formulada na segunda aos "ouvintes de muitas coisas". Assinale-se a aparição do sentido vitalista de alma e cognatos, ausente desta segunda parte do *Fedro* (ver 246b-c).

80. Alusão ao costume ateniense de, durante a celebração das festas de Adônis, lançar num pequeno vaso sementes que floresciam imediatamente e morriam em oito dias. A comparação parece-nos ser justificada pela "prontidão" com que o falso saber se apresenta no escrito.

81. Provavelmente "com tinta". Mas há outras interpretações, que alegam a inutilidade do esforço: Ver J. Ribeiro Ferreira, op. cit., 124, n. 169.

82. Supomos que Platão está se referindo ao estilo dos discursos escritos, correntes em Atenas, dos quais o de Lísias constitui o exemplo em apreço.

escrita (ver 276a), por brincadeira[83] (ou "para se divertir": *paidias charin*), visando à finalidade de auxiliar a memória daquele que já sabe, na velhice (276d). Se, porém, este quiser verdadeiramente educar uma alma, deverá dedicar-se à dialética. Para tal,

> tomando uma alma adequada, planta e semeia com saber palavras aptas a socorrer-se a si próprias, não destituídas de frutos, mas que germinam, e das quais nascem noutras almas outras palavras, capazes de produzir uma geração sempre imortal (276e-277a).

Ou seja, procura evitar cada um dos erros antes atribuídos aos que recorrem a textos escritos para se instruir. Em qualquer caso, é forçoso atender ao princípio que distingue o sabedor do ignorante. Cada um deve conhecer a verdade daquilo sobre que fala ou escreve e ser capaz de praticar o método da divisão até chegar a uma Forma indivisível (277b; ver 265d-266b).

Mas, como dissemos, há ainda que conhecer a natureza da alma que o ouve para poder oferecer-lhe o discurso que lhe é mais adequado (277b-c; ver a crítica a Tísias: 273d-274). Deve, portanto, perceber que nada há de sério no discurso escrito senão servir para nos recordar do que já sabemos (277e), assegurando que:

> só nas palavras sobre a justiça, a beleza e o bem, pronunciadas por mestres, com vista à instrução, na realidade gravadas na alma, estão a clareza, a perfeição, a digna seriedade (278a).

A um homem assim, cujos discursos são seus filhos — tanto aquele que ele próprio descobriu quanto o que gera nas almas dos outros —, caberá o epíteto de "filósofo" (278b, d).

Em suma, o essencial do que foi dito antes é sintetizado na exortação final a Lísias (278c-d) a:

1. compor os seus discursos com conhecimento da verdade;
2. mostrar-se capaz de defendê-los pelo *elenchos*;
3. mostrar, pelo que diz, que os escritos são de pouco valor.

*

---

[83]. Não será de desprezar a possibilidade do jogo de palavras entre *paidia* e *paideia*, termo só de passagem usado no diálogo (*paideusis*: 241c5). O lugar da educação é tomado quer pela metáfora do agricultor (*geôrgos*: 276b), introduzida pela alegoria dos "jardins de Adónis", quer pela da "plantação dos discursos" (276e ss.; ver *Banq.* 208e-209e, 210d).

Tomado em bloco, este passo constitui uma magnífica coda ao fio condutor da investigação que atravessa todo o diálogo. Seu objetivo último é empreender uma avaliação global[84] da retórica, esboçando ao mesmo tempo as exigências da pedagogia filosófica. Não deixa de ter, portanto, o cuidado de elaborá-la a partir da comparação das estratégias pedagógicas das duas disciplinas. É nesse contexto que se inserem as críticas à escrita.

Não merece qualquer respeito uma técnica de ensino que se desinteressa dos conteúdos que trata, a ponto de ignorá-los[85]. Só por isso, o seu valor educativo será nulo. Consequentemente, todo o ensino baseado na escrita — de que o discurso de Lísias constitui o perfeito exemplo — não passa de uma brincadeira, e por três razões:

1. ignora a verdade sobre as questões que trata;
2. introduz-se sub-repticiamente na alma do aprendiz, através da memorização;
3. não se adequa à natureza da alma do aprendiz, da qual não cura.

E, no entanto, como "condução das almas", a retórica constitui uma via privilegiada de acesso à alma de quantos buscam instrução (como é o caso do amado, junto do seu amante: ver 241c). Nesse sentido, Platão esboça uma completa reformulação da retórica, passando a encará-la como uma arte de pleno direito, cujas obras se destinam à educação da alma.

Toda a segunda parte do diálogo confirma este ponto de vista pelo modo como a alma estrategicamente nele reaparece. Mas a concentração de menções aumenta ainda no passo que conclui o diálogo. A primeira menção importante é feita, ainda no mito, tomando a alma como o lugar da memória e do esquecimento, que o mau uso da escrita transformará, de sede do saber, numa instância colecionadora de recordações "exteriores" (275a).

Mal termina a primeira vaga das críticas à escrita (275c-e), logo a menção ao bom discurso leva à reaparição da alma, nomeada como a custódia da compreensão, do saber e do discernimento (276a).

De novo tornam as críticas, que agora contrastam a "brincadeira" do cultor do efêmero à seriedade daquele que conhece "o Justo, o Belo e o Bom" (276c) e consequentemente não escreverá sobre eles, dada a ineficácia didática e crítica

---

84. À luz da demolidora crítica que o *Górgias* faz à retórica, melhor se dirá uma reavaliação. Esta circunstância leva-nos a questionar os motivos que Platão terá para fazê-la.

85. Essa é a linha dominante da crítica platônica à retórica tanto no *Górgias* (454e-455a, 458d-459c, 459d-461b), quanto no *Fedro* (272d-273c).

dos escritos e a impossibilidade de contatar diretamente os seus leitores. Levantada a possibilidade de escrever como recordação para a velhice (276d), logo o mérito desta se deixa apagar na comparação com o discurso sério, que usa a dialética para "plantar numa alma adequada discursos sabedores", capazes de eternamente se reproduzir noutras almas (276e-277a).

O essencial da mensagem é então expresso: conhecer a verdade, praticar a dialética e adequar a sua transmissão à alma do destinatário do discurso, seja este persuasivo ou didático. Só assim se poderá atingir uma correta instrução na virtude, fazendo o discurso gerar outros discursos nas almas dos ouvintes (277a, 278a-b).

Do persistente enfoque na alma resulta a segunda novidade: a par da má, há uma boa retórica, tal como, em contraste com os maus escritos, haverá os bons. Estes distinguem-se dos outros por não pretenderem ser mais do que aquilo a que podem aspirar: recordar aquele que sabe do que já sabia.

Por essa razão, o seu lugar será sempre secundário perante a investigação dialética. Mas o valor desta não pode ser considerado independentemente da natureza daquele a quem se destina. Respeitadas todas estas condições, será possível praticar com correção a arte dos discursos.

É isso mesmo que isenta Platão das críticas apontadas aos produtos da escrita. Como vimos, os diálogos distinguem-se dos textos correntes pela sua "reta utilização" como "recordação" "para a velhice" (276d) "daquilo que já se sabe" (277e-278a)[86].

Daqui decorre um fato singular na história da filosofia, talvez a maior glória do Mestre Ateniense, pela qual se distingue de todos os seus continuadores: a de nunca ter composto por escrito uma única palavra ou pensamento *declaradamente seus*. Tudo o que lemos dele são palavras de outros, que, através do diálogo, ele oferece à reflexão de ouvintes e leitores[87].

4. Alma no *Banquete*

O tratamento dedicado à alma no *Banquete* enquadra-se perfeitamente naquele que a noção recebe no *Fedro*. Depois de um par de referências destituídas

---

86. Ver J. Trindade Santos, "Platão e a escolha...", 164-167. Assinalamos a concordância da interpretação exposta com a de F. Trabattoni, *Scrivere nell'anima,* Firenze, 1994.
87. Ver o modo como M. Dixsaut, op. cit., 32, justifica o anonimato de Platão e o encara como uma deliberada estratégia filosófica: um *logos* anônimo pode "deslocar-se, responder de modo diverso a quem pergunta de modo diverso, crescer e multiplicar-se, gerar".

de implicações filosóficas, quer à alma de Alceste, no discurso de Fedro (179d), quer à alma como fim visado pelo amor, nos discursos de Pausânias (181b) e de Erixímaco (186a), quer ainda à alma como sede do amor, no discurso de Agatão (196a), a noção ganha o esperado protagonismo com o início do discurso de Sócrates (198a ss.).

As primeiras menções (206b, 207c-e) referem-se no tom habitual à dualidade corpo/alma. A assunção do sentido dominante no *Fedro* começa pouco depois, quando o filósofo compara a fecundidade do corpo com a da alma (208e-209e). Enquanto a primeira está voltada para a obtenção da imortalidade através da descendência, a segunda aspira à "sabedoria e à virtude" (209a). É na prossecução deste desígnio que a alma "procria na beleza" (209b-c), através do amor e dos discursos, visando à educação.

Mas a recuperação plena da transcendência do amor só é atingida na ascensão que conduz à iniciação perfeita nos mistérios do amor. Os passos são conhecidos: o amor de um belo corpo, da beleza de todos os corpos, até compreender que a beleza reside na alma, visando a partir daí ao saber (210a-d).

Só então a alma se acha em condições de compreender que a verdadeira beleza é a da Forma, eterna, sem geração nem corrupção, sem sofrer variação, irrepresentável num corpo, num discurso ou num saber, mas apenas na unidade da Forma (211a-b). Atingido este ponto, poderá enfim elevar-se continuamente através de um, de mais corpos belos, às belas práticas e saberes, e daí ao saber do "que é Belo" (211c).

Começa então a sua viagem conjunta com a alma do amado, sempre em busca do Belo divino, renunciando progressivamente às imagens daquilo que sempre buscara, para se voltar para a realidade, até atingir a única imortalidade reservada a um mortal: a do amor (211e-212a).

5. Alma na *República*

A noção de alma comparece ao longo da *República*, com maior frequência, com os principais sentidos com que até aqui a encontramos nos diálogos. Estes acham-se associados à "parte do homem" da qual lhe vem a vida[88] e é respon-

---

88. É oportuno reafirmar que, como o *Fédon* deixa bem claro e o *Timeu* confirma, para Platão, ao corpo não é concedida qualquer espécie de vida independente daquela que a presença da alma nele infunde. Partindo deste princípio, será mais fácil compreender que todos os domínios (biológico, fisiológico, psicológico, ético e cognitivo) em que a alma se manifesta) — para nós

sável pela sua conduta (esta avaliável de uma diversidade de perspectivas). A noção recebe, porém, um tratamento merecedor de atenção especial nos Livros VI e VII, onde é encarada como sede do saber, princípio da cognição e objeto da educação, depois do cuidado com que foi abordada no Livro IV, onde é explicada a sua constituição tripartida. Começamos por este.

Livro IV

UNIDADE E DIVERSIDADE DA CIDADE E DO INDIVÍDUO

A questão da constituição da alma emerge no contexto da busca de uma definição de justiça na cidade ideal. Respondendo ao protesto de Adimanto contra a pouca atenção dispensada à felicidade dos guardiões, Sócrates lembra que finalidade da fundação foi tornar feliz "toda a cidade"[89] (420b, 421b-c). Para tal é necessário que a cidade satisfaça quatro condições:

1. que seja uma unidade (423c, e);
2. que não esteja dividida em ricos e pobres (421c-423a);
3. que seja dotada de uma extensão territorial "bastante" (423c);
4. que nela cada um "faça o que lhe diz respeito"[90] (421c, 433a ss.).

Será então uma cidade boa, logo sábia, corajosa, moderada e justa[91] (427e ss.). É aqui que o princípio da divisão de funções (4, acima) começa a aplicar-se,

---

distintos — constituem *a própria expressão dessa vida,* o modo particular como ela *se adapta ao corpo.* Há ainda dois pontos a esclarecer. Primeiro, a noção de "movimento" caracteriza essa capacidade de agir teleologicamente, de atuar de forma autônoma e livre, do ponto de vista causal (a causalidade corpórea é precisamente aquela que a alma deve dominar). Segundo, quase tudo isto poderá ser aceito hoje (com reservas sobre a transmigração), *com exceção da noção de alma cósmica,* pois a ideia de um cosmo vivo e racional será a única que nos separa da concepção platônica de alma (admitida a diversidade de termos e funções a que a noção deu origem).

89. Aristóteles põe o problema nestes mesmos termos, mas com maior clareza ainda, levando o teleologismo de Platão às últimas consequências (*Polít.* A2, 1252b27-1253a2). De resto, a sua formulação do problema da cidade não difere muito da de Platão, a solução é que é totalmente diferente.

90. Formulação análoga à terceira definição de *sôphrosynê* no *Cármides.* A ideia receberá diversas traduções ao longo do Livro IV, mas a variação não é significativa. Essencial é a defesa de um funcionalismo estrito.

91. Estamos perante mais uma versão do catálogo das virtudes cardinais, objeto das investigações desenvolvidas na maioria dos diálogos socráticos. A ausência da piedade não terá outro significado que o de não ser necessária para o argumento.

pois, para que na cidade haja todas as virtudes, não é necessário que todos possuam todas[92].

A tarefa prioritária de determinar quem na cidade poderá ser suporte dessas virtudes não põe inicialmente dificuldades. É claro que, para a cidade ser sábia, basta que os seus governantes o sejam (428a-429a). Pelo seu lado, a coragem[93] também não põe problema, sendo evidente que se deve achar nos guardiões, guerreiros (429a-430c).

Com estas estipulações, aceitas por todos, além de radicar a virtude na cidade, Sócrates conseguiu ainda definir duas das partes que a constituem. Mas daqui resulta uma dificuldade, pois as restantes virtudes não são consubstanciáveis em nenhuma parte específica.

O fato o obriga a complementar o seu movimento inicial, de divisão da cidade, por um outro, no sentido inverso, de unificação. A estratégia funciona perfeitamente com a terceira das quatro virtudes — a moderação[94] —, pois esta deve estender-se a toda a cidade, englobando governantes e governados (430c-432a).

Mas este tipo de unificação não é ainda bastante para assegurar a unidade política, uma vez que se acomoda estaticamente ao princípio da divisão das funções[95]. Torna-se então necessário superá-lo, sem o negar, o que será conseguido pela quarta virtude: a justiça.

É esta que vai obrigar à emergência da alma no argumento, pois, apesar de obedecer ao princípio da divisão das funções, corrige-o dialeticamente, unificando-o, ao obrigar cada parte, sempre "fazendo a sua tarefa", a não se meter na dos outros[96] (432b-434c), concorrendo para o fim comum. Ora, esta finalidade só

---

92. Esta proposição não se acha no texto, mas é requerida para se aplicar à virtude o princípio da divisão das funções. Note-se que contradiz a leitura "bicondicional" da unidade das virtudes (a posse de uma implica a de todas) no *Protágoras* (ver G. VLASTOS, "The Unity of the Virtues in the *Protagoras*", *Platonic Studies*, Princeton, 1981, 221-265). Mas este é outro contexto: Sócrates mostra-se mais interessado em descobrir a virtude "politizada" na cidade ideal do que em procurá-la no cidadão das cidades reais.

93. Definida como a opinião correta, gerada pela educação, acerca "do que deve ser temido" (429b-430c), em inteira consonância com o *Laques* e o *Protágoras*.

94. *Sôphrosynê*, definida como uma espécie de autodomínio: "que produz o acordo entre o pior e o melhor, *na cidade, como em cada um*, sobre qual dos dois deve comandar (432a-b). A definição acentua uma característica consensual dessa virtude, saliente nas três propostas avançadas no *Cármides,* mas ganha um novo sentido com a estratégia de "politização" acima notada.

95. Os governantes devem ser moderados no *seu* exercício do poder, tal como aos governados lhes cabe ser moderados na *sua* sujeição a esse poder: cada um "faz o que lhe diz respeito".

96. O termo platônico — *polypragmosynê* — não tem tradução numa única palavra, significando "a qualidade daquele que faz muitas coisas", figurativamente, que faz "coisas

pode ser atingida se cada uma das partes — *tanto da cidade como do indivíduo* — desempenhar análogas funções nos dois todos (434c-435a).

As partes da alma

Há então que verificar se o homem se acha dividido nas mesmas três partes em que a cidade se divide, a saber:

1. numa pela qual aprendemos;
2. noutra pela qual nos iramos;
3. numa terceira, pela qual satisfazemos os apetites (comida, reprodução e afins: 436a-b).

A verificação desta hipótese e as consequências dela resultantes exigem que partamos de um pressuposto pelo qual "o mesmo não poderá, ao mesmo tempo, fazer e sofrer coisas contrárias, no mesmo e relativamente ao mesmo"[97] (436b).

Esta hipótese estabelece as condições em que a unidade da alma pode acomodar uma contrariedade de desejos: sendo concedida a possibilidade da divergência, desde que esta não se localize na mesma parte do todo, simultaneamente e em relação às mesmas coisas.

O exemplo da bebida[98] ajuda a compreender como os desejos podem se opor (437b-439b), dele se podendo inferir que, enquanto o desejo de beber se atribui a uma parte da alma, o desejo oposto deverá atribuir-se a outra. Uma das partes — apetitiva (*epithymêtikon*) — é a que exprime o desejo, a outra — calculativa (*logistikon*) — é a que se lhe opõe. A estas duas deve ainda acrescentar-se uma terceira, irascível (*thymoeides*), que não se deve aliar à parte desiderativa, mas, quando a alma se acha sob o domínio da Razão[99], sempre à calculativa (439c-441c).

---

demais", logo que se mete nas tarefas dos outros. A ideia exprime acima de tudo um princípio de contenção da mobilidade social: cada classe deve acomodar-se à realização da tarefa que lhe foi imposta: não haverá salsicheiros no poder, nem filósofos condenados pela pesquisa a que se dedicam, ao contrário do que aconteceu na Atenas histórica.

97. Ou seja, que "no todo da alma" (436b) a mesma parte não possa produzir ou sofrer experiências contrárias. Por exemplo, um indivíduo não pode estar ao mesmo tempo irado e calmo, pensar e não pensar, desejar e não desejar algo. Mas este último exemplo será particularmente importante para compreender o argumento.

98. Introduzida a condição da não-especificidade do desejo, a saber: não *desta bebida*, mas de bebida, em geral, a alma pode sofrer desejos contrários, de beber e de não beber.

99. A questão é da maior importância. Deve-se admitir a distinção da parte irascível e da Razão, bem como a possibilidade de aquela não se aliar a ela. De resto — mesmo que

Chegamos então à conclusão de que a alma tem as mesmas partes que a cidade. É corajosa quando a parte irascível se submete à Razão, para, no meio de prazeres e dores, determinar o que deve e não deve ser temido (442b-c). É sábia quando possui o saber do que é útil a cada parte e à comunidade de todas (442c). É moderada quando, pela amizade e pela harmonia das partes, a que comanda e as que obedecem reconhecem e não contestam o comando da Razão (442c-d). Finalmente, é justa quando cada parte realiza a tarefa que lhe compete[100] (442d).

Este princípio constituirá então uma imagem da justiça, pois aplica-se aos atos interiores, de forma a o homem justo ser aquele cuja alma não permite que qualquer parte sua faça o que lhe é estranho, ou seja, obrigando cada uma delas a fazer o que lhe diz respeito. A alma será deste modo harmonizada numa unidade, daqui resultando que os atos justos são os que preservam esta sua natureza, sob o controle da sabedoria[101], enquanto os injustos — aqueles que a destroem — seguem a opinião ignorante (443b-444a).

Correspondentemente a injustiça será a luta entre as partes da alma e a ingerência de umas nas outras, conducentes à revolta de uma parte contra o todo, visando ao comando. É na desordem e na confusão que consistem a injustiça, a covardia e a ignorância, em suma, todos os vícios (444b), sendo a saúde da alma a hierarquia que subordina as partes segundo a natureza, e a doença na alma a que as subordina contra a natureza. Daqui resulta ser a virtude a saúde, a beleza e o bem-estar da alma, e o vício a doença, a fealdade e a fraqueza (444d-e).

Platão não deva admitir que tal possa ocorrer num homem bem formado —, é isso que acontece nas almas mal educadas (441a), nas crianças e nas feras (441a-c: a figura de Cálicles está implícita neste caso). Veja-se ainda o perfeito exemplo do tirano, tão bem documentado nos Livros VIII e IX. Finalmente, não poderemos esquecer a comparação com a tensão — sempre à beira do conflito — que opõe os dois cavalos, presentes na "imagem" da alma, na palinódia de Sócrates, no *Fedro* 245c ss.

100. Esta concepção da justiça, observa Sócrates, é confirmada pelo que habitualmente se pensa, pois um homem destes não cometerá crimes comuns, como roubar, trair ou faltar ao que é devido à família, aos pais e aos deuses (442-443a). Este remate mostra como a teoria da justiça proposta acomoda, porém, numa perspectiva eticamente sustentável, a concepção retributiva, defendida antes por Céfalo e Polemarco, no Livro I.

101. O domínio da Razão sobre as outras partes da alma justifica-se pelo fato de ser a única que reconhece e vive segundo o critério da finalidade, enquanto as outras se limitam a seguir as necessidades que percebem. Subentendido, acha-se o princípio, implícito na continuação do argumento, de que só a finalidade pode ser comum ao todo, pois as necessidades dividem, opondo cada parte às outras duas. Será oportuno notar quanto este aspecto da concepção da justiça, na cidade e na alma, confirma o princípio da busca do consenso interior que comanda a metodologia elênctica, dominante nos diálogos "socráticos".

Devemos, portanto, investigar se a justiça é vantajosa ou não (444e-445b), examinando os infinitos tipos defeituosos de almas e cidades[102], porém visando ao tipo virtuoso de cidade: a monarquia ou a aristocracia (445c-e).

*

Embora o Livro IV da *República* não traga grandes novidades para a análise da noção de alma até aqui realizada[103], introduz aspectos que lhe são próprios na sua abordagem da noção. O mais notável de todos é o de que a alma — *em analogia com a cidade* — deve ser encarada como a sede das virtudes. Nesta perspectiva, ela funciona como princípio unificador, *simultaneamente* do todo e de cada uma das partes.

O fato é particularmente notável na personificação que resulta da análise de cada parte (ver IX 588b-591a[104]), cada uma com os seus interesses e benefícios. Mas o princípio regulador da analogia — válido desde o início do argumento — é o de que todas devem se submeter ao bem comum.

Tal consideração obriga-nos a aprofundar o modo como a função calculativa representa os interesses do todo e, em particular, concorre para o acesso ao Bem, do qual depende não apenas toda a possibilidade de formar os guardiões, como a de fundar uma cidade justa (VI 502c-506b, especialmente 505a-b; VII 518b ss.).

As repetidas insistências na Razão não podem ser mais claras. Mas o que significa precisamente tal exigência de racionalidade? É comum vê-la interpretada como a redução ou convergência do ético no racional[105]. Mas não é isso que Sócrates advoga ao longo do argumento do Livro IV da *República*.

Para que cada parte faça o que lhe compete, é necessário que a Razão assuma a sua função de dominar as outras duas partes. Daí não se segue que

---

102. O passo limita-se a referir quatro formas de vício, que não identifica. Mas o Livro VII 544d ss. informa-nos de que são a timocracia, a oligarquia, a democracia e a tirania.

103. Note-se que este ponto de vista é negado pela generalidade das interpretações genético-evolutivas do platonismo, que localizam no Livro IV da *República* a introdução do princípio da tripartição da alma.

104. Fato notado por N. P. White, *Plato's Republic*, Oxford, 1979, 129. Tal personificação parece-nos simplesmente refletir a influência que a abordagem política da alma exerce sobre a psicológica.

105. Será uma consequência do triunfo da concepção kantiana de moralidade nos tempos modernos: toda a possibilidade de basear a construção de uma ética em princípios formais decorre da assunção da racionalidade dos postulados da Razão pura prática (*K.p.V.*, V 122-124, V 133).

dominá-las signifique substituir-se a elas, mas representar os interesses do todo no controle da ação[106].

A analogia entre o psicológico e o político na *República* é descrita em páginas de grande vigor. Mas o retorno aos outros diálogos, primeiro ao plano puramente psicológico, depois à abertura para o plano cósmico, torna bem patente a amplitude das consequências éticas da entrega à Razão da função de comando da alma.

A primeira é a lição do *Fédon*, a segunda, a do *Fedro* e do *Timeu*. Só na alma conduzida pela Razão os princípios socráticos[107] triunfam. Só essa alma em que a Razão comanda o todo consegue elevar-se à contemplação das Formas, ou recuperar as asas que outrora perdeu. Tal como só a perfeita racionalidade da alma cósmica assegura a constituição e a manutenção do cosmo. A estas a *República* acrescentará que só na alma bem formada, na realização da função de comando que lhe é conferida — a do filósofo rei —, o acesso ao Bem será possível[108].

Mas há outro motivo que justifica que só a parte calculativa da alma se ache apta a assumir o comando. De acordo com a concepção funcionalista da virtude e da alma (*Rep.* I 352e-353e), a função de cada uma delas é o que só elas, "melhor que qualquer outro são capazes de realizar" (353a).

Ora, tal como o *Fedro*, o *Timeu* e a *República* VI-VII sobremaneira confirmam, só a parte imortal e divina da alma é capaz de agir teleologicamente, visando ao Bem. Portanto, como já apontamos, só a parte calculativa da alma pode atender a finalidades, enquanto a função das outras pode esgotar-se na mera satisfação de necessidades (ver o argumento de Sócrates que define a felicidade dos guardiões a partir do bem comum: IV 420b-421c).

A lição que poderemos retirar desta síntese parcial dos principais sentidos em que a noção de alma é encarada é que, na sua amplitude, o termo cobre uma porção de domínios, para nós, hoje, de todo estranhos uns aos outros: do biológico ao cósmico, passando pelo antropológico, pelo psicológico e pelo ético. Mas não será só isto.

O modo como Platão argumenta — passando de um domínio aos outros com absoluta naturalidade — mostra-nos que *todos os sentidos convergem na unidade*

---

106. O contrário implica o triunfo das paixões e o total desregramento da alma, exemplificado no comportamento do tirano: IX 573c-576b, 588b-590a. Isso significa que quando as partes que não se acham aptas a comandar assumem essa função reduzem aquela que deve fazê-lo à condição de escrava (577c-d).

107. "Ninguém pratica voluntariamente o mal"; "É preferível sofrer a injustiça a cometê-la."

108. Como é nitidamente expresso em 505d-e, onde fica claro que, em relação às coisas boas, ninguém se contenta com aparências, toda a alma perseguindo o Bem e fazendo dele o fim de todos os atos.

da noção: só a alma pode gerar a vida, e viver é viver bem, como um homem deve viver, racionalmente, justamente; de uma perspectiva política e ética, visando ao Bem e à imagem dele, em todos estes casos sempre *na medida do possível*[109].

A grandiosidade e a transcendência da concepção global são inegáveis, mas a pertinência e o poder persuasivo dos exemplos e contraexemplos acumulados em tantos diálogos atestam bem como, na *República*, Platão aspira a mostrar que a proposta é confirmada pelos fatos e funciona perfeitamente na prática.

Alma na "seção epistêmica" da República[110]

A função desempenhada pela alma nas duas analogias e na alegoria que, por um lado, apresentam, por outro, descrevem a passagem do mundo sensível ao inteligível, não contribui para a introdução de um sentido da noção que não tenhamos encontrado em outros diálogos[111]. Todavia, o modo como a referência à alma é inserida na narrativa é esclarecedor da finalidade do passo[112].

A alma comparece na analogia do Sol depois de ter sido perfeitamente caracterizado o modo como os sentidos operam no visível (VI 507b-508b). A primeira referência ocorre em 508d, a propósito da contemplação da verdade que produz a manifestação da inteligência. Consequentemente, mesmo que o texto não a refira, não podemos esquecer que só pode ser a alma a receber do Bem a potência cognitiva, que aspira ao "que se acha para lá da realidade" (509b).

A inserção da alma na analogia da Linha corresponde inteiramente a este contorno do argumento. Na caracterização e na identificação das duas seções do segmento inferior da Linha, a alma acha-se ausente (509d-510b). Todavia, mal é abordada a caracterização da seção inferior do segmento superior da Linha, é imediatamente referida, para distinguir o movimento do sensível ao inteligível daquele outro em que passa a investigar exclusivamente no inteligível (510b).

---

109. Contra: T. M. ROBINSON, op. cit., 33-39 passim. O autor evidencia os equívocos cometidos por Sócrates ao abordar a alma de perspectivas inconciliáveis. Respondemos, "inconciliáveis", para nós! Para Platão "alma" é uma natureza única, que se manifesta de todos estes modos.

110. Com a expressão referimo-nos ao passo que se estende de VI 504e a VII 535a.

111. No *Fédon*, particularmente em 72-77, no argumento da anamnese, a alma assume a função de suporte da atividade cognitiva e a Razão constitui-se como a via de acesso ao ser e ao saber.

112. Implica ele que o processo reflexivo, o desenvolvimento da capacidade de elevação do sensível ao inteligível, constitui o núcleo da atitude filosófica e o objetivo da educação.

Mais abaixo, na retomada da referência à seção inferior do segmento superior, de novo a alma é citada (511a). Mas, quando é abordada a seção superior, vemo-la momentaneamente substituída pela Razão (511b), para reaparecer na síntese da analogia, como a sede em que cada uma das "operações" (*pathêmata*) por ela realizadas se localizam.

Na alegoria, de novo a alma se acha conspicuamente ausente de toda a descrição da Caverna, incluindo a narrativa da libertação do prisioneiro, do acesso ao mundo exterior e regresso à primitiva morada. Só quando o sentido da narrativa é desvelado aos ouvintes a ascensão ao inteligível é atribuída à alma, para logo em seguida ser feita menção à Forma do Bem, situada nos seus confins (VII 517b).

A partir daí, não mais a veremos alhear-se da descrição dos episódios em que o antigo prisioneiro chega a libertar-se da prisão (517e-518b) até se assumir como protagonista de todo o processo educativo (518b-c). Este traço é confirmado na seção em que são referidas as disciplinas propedêuticas da dialética (521c-532b).

É a alma que deve realizar a "deslocação"[113] que a leva do sensível ao inteligível (521c), da "gênese" ao ser (521d). É ela que fica na aporia perante a copresença dos contrários no sensível (524a). É ela que deve ser purificada (528e), em particular o seu órgão (527d-e), o seu "melhor", para, depois de ter visado ao alto (529a), passar à contemplação do "melhor dos seres" (532c).

Para terminar o exame da noção de alma nos Livros centrais da *República*, falta referir um pequeno, mas revelador, aspecto sobre o modo como Platão entende a relação entre a sensibilidade e a Razão. Em 532a, é dito com toda a clareza que a visão sensível "imita" a inteligível. O pormenor faz-nos notar que toda a relação com a aparência sensível deve ser encarada como uma cópia da atividade inteligível *e não o inverso*. Ou seja, o inteligível platônico não é proposto como uma idealização ou o produto de uma abstração do sensível. Pelo contrário — como mostra o *Fédon* 72-77 —, o sensível será impensável se não tiver sido previamente estruturado pelo inteligível[114].

---

113. Os termos gregos são *periagôgê* e *peristrophê*. Indicam a rotação, ou translação, que a alma deve efetuar para deixar de estar virada para o sensível e passar a visar ao inteligível. Remetem indiretamente à descrição feita no *Timeu* do encerramento da alma num corpo, pela qual é forçada a abandonar o movimento racional que lhe é próprio, passando a mover-se em linha reta, nas seis direções "irracionais".

114. É o análogo do que se passa com a teoria platônica do amor. O impulso erótico corpóreo só pode ser entendido como um mero reflexo do amor inteligível, memória brilhante da Forma do Belo. A necessidade de orientá-lo para o saber não cumpre qualquer desígnio exterior ao amante: é a plena natureza da alma que assim o determina.

O mito escatológico de Er, o armênio

O Livro X (614b-621b) narra a história de Er, cujo cadáver jazera durante doze dias incorrupto no campo de batalha e depois revivera. Durante esse período, contou mais tarde, a sua alma viajara em companhia de outras até um lugar a que chegavam depois de terem sido purificadas pelos crimes cometidos[115].

Aí se lhe tinham deparado almas que tinham passado por diversos destinos e agora eram mais uma vez levadas a escolher uma nova vida. Feita a descrição do "fuso da necessidade" (na realidade, uma visão do modelo cosmológico do universo: 616c-617c), a *moira* Láquesis ordenou-as e deu-lhes a escolher os seus destinos, não só humanos, mas também em corpos de animais, sendo-lhes explicado que deveriam escolher adequadamente. Depois da escolha, avançaram até o rio Ameles, de cujas águas beberam, a fim de esquecer a sua existência anterior, partindo dali para nascer.

6. Alma no *Timeu*

O primeiro relato da criação: as obras da inteligência (29d-47e)

A CAUSA DA CRIAÇÃO: A ALMA (29D-30C)

Como antes referimos, a alma desempenha uma função capital no relato da criação no *Timeu*. Terminado o proêmio, dedicado à questão do modelo usado pelo demiurgo na construção do cosmo, começa o relato da criação, pela postulação da bondade divina[116]. Dela decorre a intenção de que todas as coisas sejam

---

115. São apresentadas proporções que regulam a duração das penas pela gravidade das faltas (615a-d).

116. A divindade é caracterizada como totalmente destituída de inveja. A sacralidade de alguns aspectos do relato platônico é coerente com a atitude reverencial que aflora na *República* e domina no Livro X das *Leis*. É evidente aqui a crítica forte da concepção popular, transmitida pelos poetas, de que os deuses invejam os homens (*phthonos theôn*: ver HERÓDOTO I 32, III 40, VII 76; PÍNDARO, *Píticas* X 31). Pelo contrário, para Platão, o deus não é responsável (*anaitios*) pelos males dos homens (*Rep.* II 379c, X 617e, *Tim.* 42d; ver *Leis* X 898c-899b). Daí a recorrência da reserva de que a obra divina é boa "na medida do possível" (ver a nota seguinte). Por outro lado, não poderemos limitar esta "bondade" ao domínio exclusivamente ético. O texto aponta o deus como a causa e, nesse sentido, o Bem, expresso pela introdução da finalidade (46d, 68e; ver *Féd.* 99b).

boas e não "reles", "grosseiras" (*phlauron*), "na medida do possível"[117] (*hôs malista*). Esta é a causa (o deus e a sua bondade) apontada para a criação:

> vendo que o visível se encontrava não em repouso, mas se movia discordante e desordenadamente, trouxe-o da desordem para a ordem, por pensar que esta é de todo melhor. Ao melhor não é justo agir senão do modo mais belo. E então, refletindo, descobriu que nas coisas por natureza visíveis nenhuma irracional será mais bela que uma racional, no todo de cada uma delas, e que a Razão não pode nascer separada da alma. E por causa desta reflexão construiu a Razão na alma e a alma no corpo ao construir o todo, para que o trabalho que empreendeu fosse por natureza o mais belo e o melhor. E assim, de acordo com o relato plausível, devemos dizer que na verdade este cosmo foi gerado como um ser vivo animado e racional (*zôion empsychon ennoun*) pela providência divina (30a-c).

À primeira vista, o discurso tem um caráter tão marcadamente teológico, acha-se tão densamente povoado por metáforas, que parece não ser possível encontrar nele um argumento coerente. No entanto, a partir da observação final é possível conferir-lhe um sentido muito claro.

A divindade decidiu criar a vida: para tal construiu um universo vivo[118] (30b-c). Por quê? Vemo-la expressa no princípio do passo. Porque, sendo o deus bom e não sendo movido pela inveja, quis que o todo fosse à sua semelhança (29e), ou seja, vivo. A intenção criadora do demiurgo supõe que não havia vida no visível, mas não informa o leitor ou ouvinte das razões do fato. No entanto, um sintoma dessa ausência parece ser a circunstância de o visível se mover "discordante e desordenadamente"[119]. Compreende-se então por que, para criá-la, foi necessário trazer o todo da desordem à ordem. Para tal, dado que só na alma pode haver

---

117. Esta fórmula (ou outra semelhante: ver *kata dynamin*: 30a), recorrente no *Timeu*, caracteriza e explica a limitação da qualidade da obra divina. Não será a bondade divina a justificação da imperfeição, mas a inferioridade do "material" de que se serve.

118. Não podemos dizer "a vida no universo", precisamente porque o universo é criado pela vida! Antes da criação, só havia desordem, não havia cosmo. Portanto, o par categorial ordem/desordem corresponde ao par vida/não-vida.

119. A ligação com o passo das *Leis* X 888e-890a permite identificar a desordem com aquilo que acontece segundo o acaso e a necessidade, que se supõe não ser compatível com a vida. Esta interpretação será ainda confirmada pela segunda narrativa da criação, "daquilo que é gerado pela necessidade" (47e ss.). Pelo contrário, a ordem será a vida: "o que se move por si" com vista a um fim. Porém, como, no sensível, a vida mais bela é a racional (30a-b), será necessário construir a Razão dentro da alma. A análise da criação da perspectiva da "causa errante" (46c ss.) confirmará esta interpretação do ponto de vista oposto.

ordem, foi necessário criar a alma. E ainda, uma vez que o racional é mais belo que o irracional — e só é lícito ao deus fazer o mais belo —, houve que pôr na alma Razão para, *a partir dela* (como veremos), constituir o corpo do todo.

Em termos poéticos, o passo diz-nos que a vida e a ausência de vida se regem por princípios ou causalidades opostas[120] (foi essa a razão pela qual foi necessária a criação). Mas há que atender a uma ulterior distinção. Na vida, o racional é mais belo que o irracional[121]. Portanto, o demiurgo não pode deixar de inserir na alma (vida = ordem = finalidade) a racionalidade, que deverá ser entendida como a melhor — talvez a única — forma de atingir a finalidade: o Bem.

Consequentemente, o cosmo, entendido como a ordenação do visível, é constituído pela disposição da alma "à volta" do corpo do visível (sendo o corpo simultaneamente constituído e animado pelo envolvimento do visível pela alma). É então à criação do cosmo, *antecedido pela criação da alma, na ordem cronológica* (34b-35a), mas não no texto, que o relato procede. Todo ele assenta, contudo, no princípio de que — para ser vida — o cosmo tem de ser uma criação, pois esta só pode proceder de um Criador.

Podemos entrever aqui a concretização da crítica feita aos naturalistas (*Féd.* 96a ss.) de não conseguirem explicar a ordem cósmica, a vida e a decisão racional, exclusivamente através das causas exploráveis pela visibilidade ("os fatos": *Féd.* 99e). A explicação do motivo pelo qual é necessário buscar a finalidade (o Bem), através da Razão, resulta, portanto, do fato de este ser inacessível à sensibilidade (como é confirmado pela invisibilidade das Formas).

*

Todo este discurso — torna-se agora claro — constitui uma profunda e violenta crítica à tradição reflexiva grega (ver *Leis* X 888e-890a), segundo a qual o mundo "físico", tal como o modelo cosmológico do vórtice o descrevia, não atende à emergência da vida, deixando-a por explicar num cosmo onde se manifesta indiferenciada[122]. Para Timeu — que aceita haver um visível

---

120. Lembremos que a separação da alma do corpo, no *Fédon,* a que se chama "morte", afeta os corpos dos mortais, mas não as suas almas imortais. Por outro lado, como é dito no *Fedro* 246b-c, a vida é regida pela finalidade. Aqui essa concepção é complementada pela de que o não-vivo é regido pelo acaso e pela necessidade.
121. Pois só o racional se move por si próprio para o melhor fim (*Leis* X 896e-897b). Ou seja, se move para o fim que é o Bem. Para mais, só pela Razão há acesso ao invisível (sendo invisíveis, as Formas só são captáveis pela Razão: *Féd.* 65d ss., 79a).
122. Parece-nos completamente anacrônica e desajustada a interpretação que considera "materialistas" os fisiólogos gregos, pois, tal como a vida não lhes aparecera de modo dife-

desordenado[123] —, a vida só pode ser explicada como criação diferenciada a partir de um princípio "semelhante": o de um deus *vivo*, que opta pela criação do cosmo por razões racionalmente compreensíveis.

O caráter ambíguo do "mito plausível" deve-se então, por um lado, à racionalidade divina, por outro à irracionalidade do visível, que, limitando a perfeição da obra divina (ou "salvando" a imperfeição), limita também a do relato da criação (também devida às limitações dos homens).

A alma é aqui abordada nos seus sentidos vitalista e racionalista, conjugando-se ambos na formação da alma cósmica[124], mas os outros sentidos não deixarão de aparecer adiante. Da inserção da racionalidade na alma deriva ainda um curioso problema antropológico e teológico, que abordaremos adiante.

A CRIAÇÃO DO COSMO (30c-34b)

De acordo com os princípios estabelecidos, o cosmo é então criado à semelhança do deus, como um ser vivo, uno e visível, contendo em si todas as criaturas que lhe são afins (30d). É uno e único (31a-b), dotado de corpo visível e tangível, para o que terá de ser feito de Fogo e Terra, mas também de Ar e Água (31c-32c).

---

renciado, o mesmo ocorrera com aquilo a que mais tarde se chamará "matéria". As duas noções emergem indiferenciadas numa concepção sincrética, imprecisamente denominada como "hilozoísta", até se separarem completamente na obra de Aristóteles. O hilozoísmo grego morre talvez no Livro B do *Da alma*, com as noções de "órgão" e "organismo". A questão merece atenção (ver H. SPITZER, *Ursprung und Bedeutung des Hylozoïsmus*, 1881).

A tradição crítica sobre Empédocles, ao longo do século XX, é relevante para a compreensão da emergência destas noções, encarando-o como "pampsiquista" ("sabe que todos [os elementos] têm inteligência e parte de pensamento": DK31B110,10). Mas há que submeter essa concepção à crítica decorrente da interpretação do "papiro de Estrasburgo"; ver A. MARTIN, O. PRIMAVESI, *L'Empédocle de Strasbourg (P. Strasb. Gr. inv. 1665-1666)*, Strasbourg/Berlin/New York, 1999 (Introd., ed. e coment., com sumário em inglês); O. PRIMAVESI, Teologia fisica, mitica e civile in Empedocle *Empedocle, tra poesia, medicina, filosofia e politica* (a cura di G. Casertano), Napoli, 2007, 30-47. Ver ainda Paul EDWARDS, Panpsychism, in *The Encyclopedia of Philosophy*, New York/London, 1967, v. V, 22-31. Parece-nos ser claro que, se o *Timeu* nos oferece a origem da noção de "vida", daí não resulta que nele se deva encontrar também a origem da contrapolar noção de "matéria".

123. Completamente alheio ao concurso da criação divina. Como veremos a seguir — tal como no caso da criação do corpo do cosmo —, a "anterioridade" do visível é devida à ordem da narrativa, achando-se fora do tempo. Será, nesse sentido, eterna como as Formas. Ou então deveríamos distinguir o que se mantém indefinidamente no tempo do que existe fora do tempo. Mas, para tal, teremos de recorrer a outro termo, talvez "perpetuidade".

124. A sequência mostrará diversas almas: primeiro, a cósmica, toda ela entregue à sua função ordenadora do sensível (*vide Fedro* 245c-246c), depois as dos mortais — elas próprias divisíveis por três, ou quatro, almas distintas —, finalmente as das plantas.

Foi construído como um todo (*holon*), "composto de todos os todos (*holôn ex hapantôn*), perfeito (*teleon*), sem idade e livre de doença"[125] (33a-b), na forma de uma esfera perfeita, destituído de órgãos, dotado do melhor dos sete movimentos[126], "girando em círculos sobre si mesmo, no mesmo [lugar]" (34a).

Construção da alma (34b-36e)

Depois de notar que a criação da alma é anterior à do corpo do cosmo, portanto na ordem inversa da narrativa, Timeu passa à sua descrição. É composta da mistura do ser indivisível e imutável e do mutável e divisível com uma terceira forma de ser, "a partir do Mesmo e do Outro", numa única Forma, segundo uma proporção complexa, com intervalos e ligações, definidos numa razão perfeita (35a-36b).

O demiurgo moldou a massa obtida na forma de uma fita, de modo a ficarem assinalados os intervalos referidos. Depois cortou-a no sentido do comprimento e armou as duas fitas na forma da letra grega *Chi* ("Qui": "X"), unindo a seguir o princípio ao fim, formando duas seções circulares.

Pôs o círculo exterior a girar segundo o movimento do Mesmo, para a direita, e o interior, segundo o do Outro, para a esquerda, na diagonal[127]. Dos intervalos implantados nos círculos resultaram sete círculos, nos quais se dividiu o círculo interior: três deles girando à mesma velocidade, os outros a velocidades diferentes de todas estas, relacionadas na proporção dos números naturais. Nestes implantou três planetas — Sol, Vênus e Mercúrio —, mais quatro — Lua, Marte, Júpiter e Saturno — (36b-e).

Construção do corpo do cosmo (36e-37c)

No interior da esfera acha-se o corpo do cosmo, que começou a ser transportado pelo movimento de rotação da esfera formada pela alma cósmica, deste modo, governado pela razão e pela harmonia. Deste movimento, a inteligência da alma capta o Mesmo e o Outro, determinando em que relação, onde, como e

---

125. Esta disposição é necessária para superar a guerra que opõe as potências que agrega: quente, frio etc.
126. Os seis movimentos corpóreos — para baixo e para cima, para a direita e para a esquerda, para a frente e para trás — mais o movimento próprio da Razão: circular (ver 43b).
127. Toda a figura é representada por uma esfera armilar, na qual o círculo do Mesmo se acha na posição do equador celeste e o do Outro na posição da eclíptica.

quando dessa captação resulta a verdade. O círculo do Mesmo declara a razão e o saber. Por sua vez, o círculo do Outro, movendo-se no sentido inverso, relacionando-se com o corpóreo, proclama à alma as aparências e crenças firmes. Mas ambos se manifestam na alma.

Criação do Tempo (37c-39e)

Assim construída, a alma do cosmo é uma criatura viva para sempre. Mas tal qualidade não poderia ser conferida ao todo gerado, pelo que foi ordenado como "uma imagem móvel da eternidade", fazendo o céu mover-se "de acordo com o número, naquilo a que chamamos Tempo" (37d). Os movimentos dos planetas produzem então os dias e as noites, os meses e os anos, "que não existiam antes de o céu ser gerado" (37e).

Foi desse modo que o movimento do céu veio a produzir o "é", "foi" e "será", erradamente aplicados ao eterno, mas com razão atribuídos ao devir, no tempo. Porque o eterno, imutável e uniforme não se torna mais velho ou mais jovem no tempo, enquanto, pelo contrário, o que devém e se move no sensível imita a eternidade, girando de acordo com o número[128].

O céu e o Tempo nasceram simultaneamente, de modo a poderem ser dissolvidos simultaneamente, se tal vier a acontecer. Mas o modelo do cosmo é eterno, enquanto a cópia existe no tempo. Foi ainda para assinalar as divisões temporais que os planetas foram dispostos em órbitas pela revolução do Outro: sete para cada um deles, na seguinte ordem — Lua, Sol, Estrela da Manhã (Vênus), movendo-se em sentido direto, Mercúrio, Marte, Júpiter e Saturno, o primeiro em sentido inverso. Mas é difícil explicar os movimentos de todos eles, vistos da Terra, postada no centro da esfera[129].

São pelos movimentos destes produzidos o dia e a noite, os meses e o ano. O "grande ano" completa-se quando todos os planetas voltam simultaneamente ao seu ponto de partida[130].

---

128. Platão nota a generalizada incorreção do uso das expressões temporais, pois, enquanto neste mundo corpóreo nada "é", no modelo eterno do cosmo nada foi ou será.

129. Devido ao fato de uns se moverem segundo o círculo do Outro, que por sua vez é carregado pelo do Mesmo. É esta complexidade que explica as aparências, denominadas retrogradações, bem como as diferenças relativas de velocidade dos diversos planetas.

130. Computado em 36 mil anos, seguindo uma interpretação dos obscuros cálculos apresentados na *República* VIII 546b. Para uma análise do alcance desta "invenção do tempo", ver J. T. Santos, O tempo na narrativa platônica da criação, *Hypnos* 18, 2007, 42-55.

Criação das quatro Formas de seres vivos (39e-40d)

Embora o cosmo criado fosse já semelhante ao modelo, continuaria dessemelhante enquanto não fossem criadas as quatro Formas de seres vivos: os deuses e os seres do ar, da água e da terra.

Os deuses (40a-41a)

Os deuses foram na maior parte do seu corpo feitos de fogo, na forma esférica, colocados no círculo "sábio" do Mesmo. Cada um deles tem dois movimentos[131], logo, são isentos dos movimentos corpóreos. Foram assim geradas as estrelas fixas, com a Terra colocada no centro da esfera, "guardiã e artífice da noite e do dia"[132].

Sobre "as danças" resultantes dos movimentos relativos de todos os seres que povoam o céu, muito haveria a dizer, tal como sobre a origem dos outros deuses, mas a tarefa mostra-se excessivamente difícil.

Criação das três Formas de animais mortais (41a-41d)

Como já vimos, o demiurgo entrega aos deuses o encargo de gerar as outras espécies de seres vivos, pois não lhes é atribuída a imortalidade, guardando para si a responsabilidade da construção da parte divina (logo, imortal) da alma dos mortais.

Construção das almas dos mortais (41d-42d)

O deus procedeu seguidamente à construção desta, misturando resíduos das criações anteriores, mas de pureza inferior. Dividiu-a depois num número de almas igual ao dos astros, associando um astro a cada uma delas. Instruiu-as acerca do cosmo, ditando-lhes as leis do destino (*heimarmenê*), de acordo com as quais na primeira geração cada uma encarnaria num varão: o "gênero melhor".

Serão então implantados em corpos sujeitos ao influxo e efluxo, produzindo a sensação, o desejo, misturado com o prazer e a dor, o medo, a ira e todas as emoções de caráter diferente e oposto. Se as dominarem, viverão justamente, e, depois da morte, tornarão ao seu astro. Se não, serão degradados na natureza de uma mulher e, "se não pararem na maldade", a partir de então encarnarão em animais inferiores, até a revolução do Mesmo se restabelecer, pela força

---

131. Ao movimento de rotação sobre o seu eixo acrescenta-se o movimento do círculo do Mesmo (o movimento diurno da esfera).

132. Há um problema relacionado com um possível movimento da Terra, no sentido contrário ao das fixas, a fim de poder eximir-se ao movimento da esfera, ficando, portanto, imóvel.

exercida pela Razão sobre as massas dos elementos[133]. Finalmente, distribuiu-os pelos planetas e vários astros e retirou-se.

Construção dos corpos dos mortais: constituição e perturbações sofridas pela alma — as sensações (42d-47e)

Só depois de comunicadas estas instruções, os deuses procederam à criação dos corpos dos mortais, *acrescentando o resto de alma que fosse necessário* para que os mortais se governassem o melhor possível (tornando-se responsáveis pelos males em que incorressem[134]).

Compostos por porções "emprestadas"[135] dos quatro elementos e presos por laços invisíveis, os corpos dos mortais acham-se sujeitos ao ritmo do influxo e efluxo, que tão graves interferências produzirá com as revoluções dos círculos da alma. Pior ainda, o corpo humano potencia esta interferência com a alma, movendo-se com os seis movimentos irracionais, causando inúmeras perturbações.

As mais graves de todas são as sensações, cujo ritmo binário bloqueia o círculo do Mesmo e abala o do Outro, de modo a induzir na alma a irracionalidade, tornando impossíveis quer o seu bom funcionamento, quer a correta identificação da realidade e a declaração da verdade[136].

Todavia, tais perturbações acalmam com a estabilização do fluxo, de forma a que os círculos na alma gradualmente passam a poder mover-se nas suas trilhas, devolvendo à alma a inteligência. Resultam daqui consequências éticas, pois, se as almas reforçarem a Razão com uma educação adequada, tornar-se-ão saudáveis, porém, no caso contrário, regressarão ao Hades imperfeitas e irracionais.

---

133. Se assumimos a congruência do relato do *Timeu* com o do *Fedro,* topamos aqui com um curioso problema antropológico e teológico. Não há dúvida sobre o caráter pampsiquista deste relato, pois todos os seres vivos não-divinos são animados pelas almas dos mortais. Não esqueçamos, porém, que, segundo o *Fedro* 249b, a encarnação na forma humana é reservada a quem contemplou as Formas. Supõe-se então que, no intervalo entre cada encarnação, depois de purificada, a cada uma destas almas voltará a ser concedida a possibilidade de acompanhar os deuses (42b). Todavia, se assim acontecer, não há coerência com o relato do "mito de Er", na *República* X.

134. É enorme a relevância deste breve passo. Do ponto de vista teológico, confirma a irresponsabilidade do deus, à qual corresponderá a plena responsabilidade do homem. Mas o trecho em itálico alude à parte da alma dos mortais que não foi feita pelo demiurgo e, portanto, não é imortal. As funções que desempenha serão referidas adiante (ver 41c-d, 69c ss.).

135. Alusão críptica ao destino do corpo mortal: separado da alma imortal, deve regressar aos elementos que o compõem (ver Anaximandro: DK14B1; Empédocles: DK31B17, B35).

136. O passo refere expressamente que as revoluções do Mesmo e do Outro, perante o influxo das sensações externas, "parecendo dominar, são dominadas" (44a).

Quanto à forma dos corpos é a seguinte: têm uma cabeça esferoide, onde se acham encerradas as revoluções do Mesmo e do Outro, um corpo comprido e provido de membros, que lhes permite locomover-se. Na cabeça localiza-se o rosto, onde se encontram os olhos, produtores de um fogo afim ao da luz do dia, que lhes permite ver. À noite, o fogo interior é estancado, induzindo o sono. Quando, contudo, ficam ainda guardados fragmentos de luz, estes reaparecem no sono como sonhos.

Muitos creem que a visão permite captar a interação dos elementos e conhecer as causas das coisas, mas estas são apenas causas auxiliares de que o deus se serviu para coadjuvar a ação do Bem. E a prova colhe-se do fato de que só a alma pensa e é invisível, enquanto os elementos não passam de corpos visíveis.

É por essa razão que o amante do saber e do pensar se concentra nas causas inteligentes, secundarizando as outras. As melhores destas são colhidas pela visão, que permite captar a natureza do cosmo (ver *Rep.* VII 528d-530c). Mas o som e a audição também concorrem para a compreensão do cosmo através da harmonia e do ritmo (*Rep.* VII 530c-531c).

*

Muitas lições podem ser retiradas do primeiro relato da criação, capitais para a compreensão de muito do que se disse sobre a alma em outros diálogos. A criação do cosmo como um todo (no sentido de "soma", *pan*; no de totalidade, *holon*) indica, por um lado, a sua composição "material" (os quatro elementos), por outro, a criação dos paradigmas visíveis sobre os quais se assenta a possibilidade de investigação do real, o mais notável dos quais é o Tempo.

A construção da alma do cosmo torna-se incompreensível a quem não tem familiaridade com as obras platônicas relacionadas com o tema. Em primeiro lugar, o Ser, o Mesmo e o Outro são as Formas que regulam a realidade, a identidade e a diferença de todas e cada uma das coisas. A mistura das três, segundo registros opostos, visa caracterizar a natureza da alma: mistura do ser imutável e indivisível (o ser das Formas) com o mutável e divisível (o de cada coisa sensível), valendo as regras da mistura para o Mesmo (a Forma e cada ente, em relação a si próprios) e o Outro (em relação aos outros).

Isto é o que a alma é: a sua natureza. Dotada com essa natureza, a alma pode captar todas as espécies de entes incluídos no cosmo: da diversidade sensível à unidade e totalidade inteligível[137]. Fica assim constituído o corpo do cosmo, dora-

---

137. O princípio aqui implícito é o de que o semelhante é conhecido pelo semelhante. É essa a lição que colhemos em EMPÉDOCLES B109: "Com a Terra vemos a terra, com a Água a

vante regido pelos círculos do Mesmo e do Outro. Estendendo-se do centro à periferia, a alma abarca todos os seres e cada uma das suas espécies.

A construção do modelo do cosmo tem antes de mais um sentido astrofísico, pretendendo valer simultaneamente como uma descrição e uma explicação do céu (salvando as aparências dos movimentos dos "planetas"). Astronomicamente, representa o todo, contemplando cada um dos corpos celestes pela atribuição de um lugar e uma função no cosmo. Fisicamente, regula os movimentos dos corpos celestes: os astros e os planetas[138].

Outro resultado do movimento do cosmo é o dos corpos que o povoarão, nos locais designados pelas divisões da alma cósmica. Essa distribuição de balizas corresponde ao nascimento do Tempo. Com o movimento começa a sucessão: o antes e o depois. No "relógio" cósmico, convergem duas causalidades: a finalista, com o movimento circular (dias, noites etc.), imita a eternidade; nela se integra a mecânica, com o movimento linear da duração da vida animal ("foi, é, será").

A vida, com o seu duplo sentido — o da alma e o do corpo —, torna-se possível. Na perspectiva de Platão, a primeira finalidade da estrutura do cosmo é a introdução da ordem no visível. As primeiras consequências dessa ordenação são a contenção da desordem visível[139] num todo homogêneo e vivo, capaz de se mover ordenadamente.

A criação das quatro espécies de seres vivos — os imortais e os mortais, do ar, da água e da terra — completa a obra divina. Da mistura que serviu para

---

água...". Mas talvez já possamos detectar o princípio em Parmênides B14: "Pois, tal como cada um tem uma mistura de membros errantes, assim aos homens chega o pensamento...". A alma precisa conter todas estas disposições para poder reconhecê-las nas coisas sensíveis.

138. Para a consideração pormenorizada dos astros, das suas posições relativas e dos movimentos que os animam, é essencial o estudo do clássico de F. M. CORNFORD, *Plato's Cosmology*, London/Henley, 1937, 66 ss. Ver ainda L. BRISSON, *Le Même et l'Autre dans la structure ontologique du Timée de Platon*, Paris, 1995; R. D. MOHR, *The Platonic Cosmology*, Leiden, 1985, 9-140.

139. A desordem deve aqui, em primeiro lugar, ser entendida como a ausência de unidade expressa pela inexistência de identidade. À pergunta "O que é que se move, antes da geração do cosmo?", a resposta é: "Há movimento". É essa situação que a introdução da vida vem alterar: "algo" vive. Daí a importância da definição de um contentor. A partir desse momento, é possível falar de um "todo". Um segundo registro da desordem é a ausência da finalidade. O que se move não visa a qualquer fim. Move-se por ação e reação, mecanicamente. Pelo contrário, a vida tem um fim, quanto mais não seja a sua preservação. Isso poderá ser entendido com o bem que visa. Um terceiro registro é a ausência de regularidade, de evidência de um padrão. Também essa deficiência a vida vem colmatar com a introdução da ordem visível. É deste modo que se chega ao nascimento de Tempo, o qual tem entre as suas mais salientes funções a de integrar o movimento linear (evolutivo: *chronos*) da vida humana, no padrão circular (cíclico: *aiôn*).

fabricar a alma cósmica, o demiurgo cria os deuses imortais, atribuindo-lhes como corpos os astros. Encarrega-os, depois de criar a parte divina da alma dos mortais, primeiro, de completá-la com as almas irracionais, que adiante veremos regularem o funcionamento do corpo dos mortais (a alma racional fica situada na cabeça); depois, de cuidar delas, para o que as distribui pelos astros.

Depois de explicar as leis que hão de regular as suas vidas, entrega-as aos deuses que lhes construirão os corpos. Com a fixação da alma desencarnada no seu corpo, o texto transita imperceptivelmente de um para outro sentido de alma. Até aqui seguimos a sequência degradante: alma cósmica — alma dos deuses — alma dos mortais. Mas agora encontramo-nos com corpos que resistem à alma, opondo à circularidade da Razão o princípio binário de influxo e efluxo (não só as sensações são dominadas por ele, mas todo o funcionamento do corpo — respiração, alimentação/excreção). Os resultados do conflito entre os dois ritmos são catastróficos, dos pontos de vista psicológico, epistêmico, ético e antropológico.

De resto, parece ser esta a finalidade última de um texto como o do relato de criação: explicar aos mortais a sua condição, mostrando-lhes o que têm a fazer para recuperar a sempre periclitante integridade das suas almas[140].

Um excurso, esboçado a partir da análise da visão, volta à questão da causa, que iniciara o primeiro relato da criação. É este que vai dar origem a um novo proêmio, agora de caráter metodológico, ao qual se segue um segundo relato da criação, feito desta vez da perspectiva da necessidade.

Novo proêmio: causas auxiliares (46c-47e)

O raciocínio seguido no texto é perfeitamente claro, embora pareça perder-se em digressões. A referência às ilusões induzidas pela visão constitui um bom exemplo de como as sensações interferem com a Razão. Mas a questão traz consigo graves consequências para o conhecimento da realidade.

As únicas causas do cosmo são deus e as Formas, às quais recorreu como modelo (27d-29d). Mas a maioria dos homens (ver a referência a Anaxágoras: *Féd.* 97 ss.) — decerto enganada pela força da sensibilidade — atribui esse estatuto a meros efeitos (*apergadzomena*), como "o aquecimento e o arrefecimento, a solidificação e a dissolução" (46d).

---

140. Embora a mensagem seja inteiramente coerente com a do *Fedro,* a não-referência ao amor e à beleza torna-a muito mais dura. Do ponto de vista cósmico, a sorte dos mortais é como a sua condição e a sua natureza: frágil.

Apesar de a alma ser o único veículo do pensamento, a sua invisibilidade leva os homens (ao contrário do amante do pensamento e do saber, que atribui essa função à "natureza inteligente") a se referir aos contrários como causas, apesar de estes moverem os outros e serem movidos por outros "por necessidade" (46e). É esta razão que obriga o novo relato a abrir-se aos dois tipos de causas[141].

OBRAS DA NECESSIDADE (47E SS.)

Como vimos, "a desordem" não é objeto da criação. Não decorre daqui que a sua natureza não seja regulada por causas, mas apenas que estas são "auxiliares"[142] e de todo alheias à causa final: o deus e o modelo que o guia na criação, o Bem. Logo, na perspectiva platônica, não só não deviam ter sido incluídas no "mito plausível" como possivelmente até nem poderiam ser objeto de qualquer relato autônomo. Todavia, dado que os homens lhes conferiram atenção, há que as enquadrar na concepção do cosmo como criação (poder-se-ia fazer um paralelo com a Via da Opinião, no Poema de Parmênides).

O novo relato parte, portanto, do anterior, que foca a criação da alma do cosmo e dos seres que o povoam, inserindo-se nele. Concentra-se na descrição de como o mundo visível se formou a partir da sujeição da desordem à ordem, imposta pela alma cósmica, e de como foram formados e "funcionam" os corpos dos seres em que encarnam as almas dos mortais. Em outros termos, como a vida organizou o visível, submetendo-a ao princípio teleológico, combinando a necessidade e a Razão[143] (48a).

Mas a necessidade tem também o seu princípio: a "causa errante". Para desvendá-lo e perceber como a Razão o persuadiu, há que se retomar o relato da criação desde o início.

---

141. Mas o texto insiste a seguir na descrição dos benefícios da visão, começando pela contemplação da divina grandeza do cosmo, complementados, no caso da audição, pelo estudo da harmonia.

142. Esta tradução habitual de *synaitia* pode ser enganadora. Estas causas concorrem para o funcionamento do sensível, oferecendo resistência à ação da causa final, que só as domina com o poder da inteligência.

143. Mas também como os corpos sensíveis "resistem", criando obstáculos ao pleno funcionamento do inteligível. É daqui que resultam relevantes consequências éticas para os humanos. Mas parece-nos mais importante o aspecto crítico desta posição. Implica ela que a vida não é, nem pode ser vista como uma *ordem* de fenômenos, emergente num estádio avançado da evolução do cosmo (perspectiva do ciclo, no *Da natureza* de Empédocles, e de algum modo implícita no desenvolvimento do modelo cosmológico do vórtice). Pelo contrário, Platão defende que a vida é e deve ser encarada como a finalidade atingida pela *criação* do cosmo.

Os quatro contrários[144]

O problema que vai dominar toda esta parte do relato platônico é o de como ganhar uma compreensão da "própria natureza" (*physin*) dos elementos, "antes da formação do céu" (ver 52d). É erradamente que os homens chamam a eles "elementos" e princípios do todo[145] (48b). Explicar por que envolve, porém, retomar o relato da criação desde o início (48d-e).

Para tal, há que introduzir uma nova terceira espécie à criação: a primeira (em 28a) era a Forma: modelo e original; a segunda, a sua cópia: os sensíveis; a terceira será descrita por uma série de metáforas: o "receptáculo", a "ama do devir", depois, entre outras, a "região" *(chôra)* (49a).

Quanto aos contrários, o seu próprio nome é problemático, pois, visto que as suas naturezas mudam constantemente (49b-d), é legítimo perguntar que nome lhes deverá convir. Melhor será referi-los como "em ou com tal forma", não como "este" ou "estes", mas como "neste modo" (49d-50a), distinguindo-os daquilo "em que" surgem ou perecem, a que poderá chamar-se "isto ou aquilo". Mas a questão merece ulterior esclarecimento.

O "moldador" (50a-c)

Se um homem se entregasse à tarefa de constantemente fazer e refazer formas a partir de um material plástico, digamos ouro, à pergunta "o que são?" a resposta mais segura seria: "ouro" (ou seja, que nenhuma identidade é possível entrever na constante mutação do "material"). Quanto às figuras moldadas, a designação atribuída seria sempre: "na forma de" um triângulo, por exemplo, atendendo à "natureza que recebe os corpos", a qual deve sempre ser chamada do mesmo modo, pois nunca "parte" da sua própria "potência" (*dynameôs*), "recebendo todas as coisas, mas nunca assumindo uma forma (*morphên*) semelhante à das que entram nela" (50b-c). Constitui deste modo um "molde"[146]

---

144. Generalizou-se, sobretudo a partir de Aristóteles, a utilização do termo "elementos" (*stoicheia*) para designar os contrários da tradição. Platão também usa esse termo, mas com reservas e com menor frequência que Aristóteles (recorre mais aos seus nomes próprios, em conjunto, "os quatro"). Recorremos nós, portanto, à tradução habitual, mesmo quando o termo não se encontra no texto (e a sua inserção é problemática, como se poderá depreender do desenvolvimento do programa platônico).

145. Do exposto a seguir, depreende-se que o termo "elementos" deverá ser usado com restrições, pois não se trata de autênticos constituintes originais. Platão observa que a descrição que se segue será conjetural (48c).

146. Molde "tridimensional" e não "forma". A dificuldade particular deste exemplo, repetida na continuação do texto, reside no modo obscuro como a componente, que não poderemos deixar de encarar como material, é introduzida no texto.

(*ekmageion*) no qual entram e saem as "imagens das Formas", os "tipos" (*typôn*) que originam as coisas que estão sendo feitas.

Três espécies: a "região" (chôra: 50d-52d)

E o relato prossegue com a designação das três entidades em torno das quais se concentra a narrativa: "o devir" ("o filho"), aquilo "em que" devém ("a mãe") e o "de que" o devir é cópia ("o pai"). Reafirmada a necessidade de atribuir um caráter amorfo "àquilo em que"[147] são feitas as cópias, deveremos não nos referir à "mãe" com o nome dos contrários, mas como "uma espécie invisível e amorfa, de tudo receptiva, participando do modo mais aporético e difícil de captar do inteligível" (51a-b).

O melhor modo de chegar à natureza deste é referir como "fogo" e "água" as partes que aparecem "fogosas" ou "liquefeitas", e do mesmo modo os outros dois. O problema reside em saber se há algum Fogo, ou outras Formas, em si, ou se há apenas o que vemos e sentimos através do corpo (51b-c).

Resolvida esta dúvida pela decisão de não confundir o inteligível com o sensível, as Formas com as aparências sensíveis, a Razão com a opinião verdadeira (51d-52a), somos confrontados com a natureza da terceira espécie, ora referida como eterna: a "região", "assento indestrutível de tudo o que tem gênese", apreensível por um raciocínio bastardo, uma "não-sensação", na qual "mal se pode crer", pela qual vagamente sonhando afirmamos ser necessário que todo o ente esteja "nalgum lugar" e que "o que não está na terra ou no céu nada é" (52a-b).

Fica deste modo firmemente estabelecida a natureza híbrida daquilo que traduzimos pelo termo "espaço". É aquilo em que os sensíveis são feitos; sendo imperceptível, é exigido por um "raciocínio bastardo" como o lugar que ocupam e no qual se movem.

Depois, o relato desloca-se para o início do processo de criação do mundo sensível. Três eram as espécies que havia "antes do nascimento do céu": o ser, a região (o espaço) e "a gênese" (*genesin*: "aquilo que devém"[148]: 52d). A ama do devir (a alma cósmica e a "região" por ela definida) entra em ação, recebendo as imagens das Formas dos contrários, sendo abalada pelas potências que a assaltam e por seu turno abalando o seu conteúdo (52d-e).

---

147. "Em que" ou "de que"? A questão é delicada, pois o texto sugere que por vezes nos encontramos diante de um "material", por vezes diante de um "meio", por vezes até de ambos.

148. O termo é extremamente vago. Refere aquilo que devém, antes de se originarem as coisas devenientes (porque o céu ainda não se formara). Nesse sentido, poderá ser tanto "as coisas" como aquilo "de que" são feitas, ganhando com isso um aspecto "material".

A agitação que a toma, consequência do movimento de rotação impresso pela alma cósmica ao sensível contido pela esfera, conjugada com a interação das potências opostas, produz — à semelhança de uma peneira — a separação dos elementos e a sua agregação em massas "semelhantes" (52e-53a).

"Esquematização" dos contrários (53a ss.)

É então que o deus começa a "configurá-los por meio de Formas e números" (53a-b), constituindo, a partir do triângulo retângulo escaleno, os sólidos que organizarão o fogo (tetraedro), o ar (octaedro), a água (icosaedro); e, a partir do triângulo retângulo isósceles, a terra (o cubo).

A construção dos sólidos a partir de duas figuras geométricas bidimensionais — os triângulos escaleno e isósceles — permite resolver o problema antes apresentado (49b-50a) da transformação dos elementos uns nos outros, salvando as aparências sensíveis. A interação dos corpúsculos sólidos uns sobre os outros, por ação do movimento da alma e da eterna agitação da não-uniformidade (*anômalotês*: 58c), provoca a recomposição dos sólidos, determinando um ciclo contínuo de transformação de fogo, ar e água, por um lado, e de reformação da terra, por outro (53c-57d).

Fica desta maneira suficientemente explicada não só a formação do cosmo e dos elementos que o formam, bem como a dos compostos constituídos a partir deles, como ainda o continuado funcionamento da ordem cósmica, encarada agora da perspectiva dos seus constituintes. A narrativa concentra-se na criação da ordem cósmica pela perspectiva dos corpos, atendendo àquilo que Platão designa com a obrigação de considerar a causa errante.

*

É impossível exagerar a importância desta seção da narrativa platônica, tantas são as revolucionárias inovações conceptuais aqui introduzidas e tão significativa foi a influência por ela produzida em sucessivas gerações de estudiosos. Referiremos a seguir apenas as mais relevantes.

É agora clara a razão pela qual se torna necessário reiniciar o relato da criação, uma vez que a construção da alma cósmica não pode confundir-se com a do corpo do cosmo, embora ambos sejam sumamente importantes. Isto porque o visível é dominado por leis absolutamente estranhas e independentes da finalidade, que rege exclusivamente a vida: as leis da mecânica, que Platão designa com a expressão "causa errante".

Ora, acerca desta questão, os homens cometem, entre muitos, três graves erros. O mais sério de todos será colocar a vida na dependência do não-vivo

— o animado do inanimado —, nomeadamente ao considerarem as causas auxiliares uma autêntica causa[149] (46c-d). O segundo é conferir aos contrários o estatuto de elementos e princípios[150], quando isso não acontece (48b-c). Por fim, o terceiro consiste em ignorar absolutamente essa natureza híbrida, "em que" ou "de que" nasce e se transforma "o devir".

Para evitar esses três erros, torna-se então necessário explicar a formação e o devir do corpo do cosmo, havendo para tal que compreender como funciona a causa errante, o que por sua vez implica:

1. aprofundar a natureza dos contrários;
2. explorar a natureza do visível, focando a natureza do espaço;
3. descrever o processo de criação dos contrários;
4. esquematizá-los pelas Formas.

O primeiro ponto revela a natureza puramente fenomênica dos contrários: não são em si, pelo fato de devirem constantemente, transformando-se uns nos outros. Mas também não podem ser eliminados de todo, uma vez que são cópias das Formas do Fogo, do Ar etc., portanto são dotados de naturezas próprias, exibindo uma identidade e uma certa regularidade.

O segundo ponto caminha para a formulação do conceito de "espaço", estabelecendo a partir dele a constituição do sensível. A dificuldade reside na combinação das três perspectivas pelas quais é desenvolvida a análise: a das coisas produzidas, a do meio ou lugar em que são produzidas e a daquilo de que são feitas. Note-se a irrelevância da questão "material", a impossibilidade de introduzir no relato uma ontologia de constituintes.

O terceiro descreve a interação das forças resultantes da constituição da esfera cósmica, mostrando como dela decorreu a agregação dos contrários em massas homogêneas. O quarto completa a criação do corpo do cosmo, explicando a necessária ordenação e a constituição "física" dos contrários, de forma a satisfazerem as condições enunciadas no primeiro ponto.

Particular relevância deve ser conferida ao tratamento reservado à noção de espaço. Deixando de parte os aspectos que o associam ao inteligível (a perpetuidade

---

149. O que implica conferir-lhes a autonomia que só ao Bem pode ser atribuída (68e-69a). Mas note-se que já tinham cometido este erro ao não compreenderem que o cosmo é essencialmente vida e a vida só pode resultar de um ato de criação.

150. Toda a crítica da concepção tradicional dos contrários, concluída com a descrição da construção dos sólidos platônicos, incorpora elementos que combinam filosofia da linguagem com psicologia e epistemologia.

e a indestrutibilidade: 52a-b, além da invisibilidade: 51a), notemos como começa por ser dado como constitutivo do sensível não só porque todos os corpos *estão no* espaço (num "lugar"), mas também porque *ocupam um* espaço ("são espaço"). Por essas duas razões, além da outra — a de não ser percebido pelos sentidos —, se diz que é captado por uma "não-sensação" e um "raciocínio bastardo").

Todavia, como dissemos acima, a dificuldade reside na combinação das perspectivas pelas quais procede a narrativa. O primeiro problema de Platão é sustentar que uma realidade autêntica, que só pode ser abordada por metáforas ("mãe", "ama", "receptáculo", "assento" do devir), tem uma natureza própria, em si, constituindo um gênero (*triton genos*: 52a).

O segundo — para o leitor, de todo estranho a este — é o da natureza dos elementos (*deuteron* [*genos*]: 52a), que se prova consistirem em imagens das Formas elementais (51e-52a; ver 51b-c, 52a). O terceiro resulta dos dois anteriores, residindo na variação pela qual as coisas ("a progênie": 50d) são abordadas das perspectivas "em que" e "de que" são feitas, criando a ilusão de que o espaço é a sua "causa material" (ver Aristóteles, *Fís.* 209b6-17: confundindo *chôran, topon* e *hylên*).

Este último ponto é sobremaneira importante, apontando uma das razões que justificam a impossibilidade da formação de uma noção platônica de "matéria"[151]. Como fomos mostrando, o espaço é por vezes encarado como "aquilo de que" são feitos os corpos — sugerindo que se alude a uma substância, no sentido da causa material aristotélica —, por vezes referido como um meio: "aquilo em que" o corpo é criado, cujo "lugar" lhe é atribuído[152].

Consequentemente, na medida em que as finalidades de Platão vão mudando ao longo do argumento, a questão da sua constituição "material" é esvaziada. Tal ponto de vista será posteriormente confirmado pela "esquematização" dos contrários, da qual inevitavelmente resulta um "vazio" no interior dos sólidos platônicos[153].

---

151. A outra é de natureza religiosa. Num cosmo construído por um deus a partir da "desordem", constituir esta num conceito será colocá-la a par da Razão, o que, além de errado, é ímpio!

152. A conjunção de duas perspectivas tão distintas mostra o erro de encarar o espaço como um conceito análogo ao nosso, que é o de um meio relativo, logo não absoluto. Outro é o de o confundir com a causa material. Ora, isto é exatamente o oposto daquilo que Aristóteles defende terem dito os atomistas, a saber, que os elementos são "os átomos *e o vazio*": *Met.* A4, 985b4-10; ID., *De Democrito*, ap. SIMPLICIUM, *De caelo* 295, 1: DK68A37. Parece-nos que Platão não pode ignorar esta concepção "materialista" do cosmo. Simplesmente rejeita-a, pelo fato de ser absolutamente incompatível com a ideia de uma criação teleológica (ver *Leis* X 889e-890a, 892a-c).

153. Como não pode deixar de acontecer, tendo em conta a sua constituição e reconstituição, a partir da combinação dos triângulos retângulos escalenos. À pergunta "O que há dentro dos sólidos platônicos?" a resposta só pode ser: "A alma cósmica", pois responder

Compreendemos finalmente o sentido, quiçá mais duradouro, da contribuição platônica para a astronomia e a física. Toda a complexa explicação de como a causa errante é submetida à Razão, no longo processo conducente à esquematização pelas Formas, constitui a primeira manifestação coerente e autônoma da "salvação dos fenômenos" na ciência ocidental. É daqui que resulta a noção do caráter ilusório do mundo fenomênico, que começamos a encontrar na tradição grega com Heráclito e que, depois dele, não mais deixará de afetar a concepção grega de ciência.

As três almas (69b até o final)

O primeiro relato da criação no *Timeu* concentra-se majoritariamente na construção e na descrição das obras da alma cósmica. No entanto, um passo (41a-46c) é essencial para a compreensão do processo de formação, bem como do destino reservado pelo demiurgo àquela alma que, no *Fedro* (246a ss., e nos diálogos já estudados), vimos achar-se na origem dos mortais.

Encontramos nesse passo do *Timeu* uma breve referência que se mostrará da maior importância para a compreensão do que adiante se dirá sobre as almas dos mortais, estabelecendo relação com um aspecto capital que o tema assume em obras aqui não estudadas.

Ao confiar aos deuses criados o encargo de construir os corpos *e a parte mortal da alma* das "três espécies mortais" (41b-d; 42d-e refere a "parte restante da alma humana que tem de ser gerada"), o demiurgo sugere e adiante confirmará que à parte imortal, divina e hegemônica (41c; logo racional: 43a-44c) da alma, construída por ele, terá de ser acrescentada outra parte, irracional. Ora, a existência de uma alma irracional é um fato novo, gerador de muita contradição[154]. Por esse motivo, deveremos dedicar-lhe a maior atenção.

Em primeiro lugar, devemos notar que é nessa alma (ainda não criada, porém, decerto não criada por um deus "bom") que residirá uma fonte de mal, tornando-se claro o sentido dos avisos solenes que o demiurgo dirige à parte racional das almas dos mortais, que acabara de criar, mostrando-lhes "a natureza do todo e as leis do destino" (41e; ver *Fedr.* 248a-249b).

"Nada!" é infringir a negação eleática do vazio, essencial para explicar a eternidade do movimento dos corpos, no *Timeu* (58c).

154. Parecerá absolutamente estranha e contraditória com o argumento do *Fédon* a admissão de uma alma irracional, mas talvez a contradição não se revista de aspectos insuperáveis.

Destas deriva a sua posterior implantação em corpos, regidos pelo ritmo do influxo–efluxo, do qual resultam a sensação, o desejo (com o prazer e a dor), o medo, a ira e as outras emoções (42a-b).

O *Fédon* já nos advertira da necessidade de controlar as tensões provocadas por esta constituição dúplice, da qual resultam as consequências éticas já conhecidas, que se traduzirão na recompensa ou punição que hão de receber no além e nas reencarnações a que sucessivamente terão de se submeter (41e-42d). Mas veremos como esta situação é agravada pela alma irracional.

A retomada da narrativa da criação (69b ss.), com a construção das almas e dos corpos mortais — após a seção dedicada à "causa errante" e à "região", rematada pela "esquematização" dos corpos dos contrários —, volta ao ponto em que tinha sido deixada, praticamente nos mesmos termos (69c-d). Todavia, a continuação não só acrescenta dados novos acerca da construção do corpo, como refere pormenores muito importantes, relativos a essa outra alma, irracional.

Os deuses recebem "o princípio da alma imortal" e dão-lhe um corpo para seu "veículo" (*ochêma*), acrescentando-lhe outra alma, mortal, sede das paixões, do prazer — "engodo do mal" —, das dores, da temeridade e do medo, da ira e da esperança. A alma mortal fica então composta por estas mais as sensações e o desejo erótico (*erôti*) (69c-d).

Esta alma mortal foi implantada no tórax: a parte que "participa da coragem", entre o diafragma e o pescoço, controlada pelo coração (69e-70d), enquanto a outra parte, sujeita aos apetites corpóreos, foi implantada entre o diafragma e o umbigo, sendo de algum modo controlada pelo fígado (70d-71d; 72d). Mas toda a alma mortal permeia o corpo, através da medula dos ossos, também ela diferenciada em figuras (*schêmata*), distinguindo-se da imortal, localizada no "cérebro" e colocada na cabeça (73b-e).

Pelo contrário, a alma "apetitiva" — como tudo o que participa da vida — acha-se também localizada no corpo, mas no ventre, pelo fato de não participar da opinião e do raciocínio e ser passiva, incapaz de rodar sobre si própria, logo não podendo refletir: "repelindo o movimento que vem de fora e usando apenas o seu próprio" (77b-c).

O contato com o corpo dá origem a muitas doenças "somatopsíquicas", nomeadamente aquelas devidas à ação da bile sobre a alma (85e). Mas as mais importantes são a loucura e a ignorância, derivadas de causas somáticas (como o excesso de esperma), que dá origem a doenças sociais, como a incontinência sexual, fazendo o homem parecer mau, quando na realidade o mal lhe vem da ignorância[155] (86b-e).

---

155. Sobre este tema, ver T. CALVO, Anámnesis y catarsis: la Antropología de Platón, in *Anamnese e Saber*, 201-226.

Desta origem derivam ainda muitas outras doenças, às quais se acha associada a má administração das cidades (86e-87b).

Para todas estas, a cura vem da busca da harmonia, do cultivo das simetrias e do equilíbrio. E, de fato, sempre que há desarmonia entre a alma e o corpo, daí resultam muitas doenças — psicossomáticas ou somatopsíquicas, consoante o elemento mais forte é a alma ou o corpo (87e-88b). Para estas, o remédio é o exercício da alma e do corpo, a busca da harmonia do "composto" corpo–alma, pelo reencontro com o movimento do cosmo, reforçando os movimentos dos círculos do Mesmo e do Outro na alma, cultivando o saber e fortalecendo a mente (88c-90b).

Pelo contrário, os que se entregam ao desejo enchem-se de "opiniões mortais", enfraquecendo a alma racional, que deve ser cultivada pela busca do saber, visando à retificação das "revoluções cerebrais" — afetadas pelo encerramento da alma num corpo —, e o Bem (90b-d; *vide* 43a ss.). De modo que aqueles que persistentemente visam a esse Bem podem ganhar a bem-aventurança, enquanto todos os outros são arrastados na cadeia das reencarnações que podem levá-los a habitar corpos de mulheres e das outras espécies de mortais: mamíferos, aves e peixes (90b-93c).

*

As referências à alma nesta última seção do *Timeu* dão origem ao problema da coerência com as perspectivas sobre a alma desenvolvidas no *Fédon* e no *Banquete* e até nos diálogos socráticos. A questão é particularmente suscitada pela referência a uma "alma mortal e irracional" e consequentemente àquilo que na *República* e no *Fedro* é entendido pela concepção tripartida da alma.

Ao contrário da esmagadora maioria dos intérpretes[156], não detectamos qualquer "mudança de posição". A concepção tripartida torna-se evidentemente necessária a uma abordagem "antropobiológica" e política do tema da alma[157], podendo ficar em suspenso, sem ser necessariamente negada em outras obras.

Todavia, no *Fédon* em particular, qualquer referência à alma mortal e irracional traria grande complicação ao argumento sobre a imortalidade, sendo essa

---

156. Que, inspirados por uma concepção evolutiva do "pensamento platônico", detectam uma mudança de posição entre a "concepção unitária" do *Fédon* e a "tripartida" da obra "posterior", com a *República* e o *Timeu* (aprofundada no Livro X das *Leis*); ver T. M. ROBINSON, *Plato's Psychology* (trad. *A psicologia de Platão,* São Paulo, 2007).

157. Ver, por exemplo, Tripation, Immortality and After-Life, in T. M. ROBINSON, *Plato's Psychology*, 1970, 119-131. Associamos a posição de Robinson à nossa (se descontarmos as preocupações manifestas com a "ordem dos diálogos"), tomando-a como "compatibilista".

a razão por que não haverá sentido em incluí-la no debate[158]. Por outro lado, no *Timeu* a alma racional distingue-se da irracional por sua localização, sua finalidade e seu modo de funcionamento. Situada na cabeça, visa conduzir o corpo que a alberga ao restabelecimento do contato com o cosmo, através das revoluções do Mesmo e do Outro, que a aparentam à alma cósmica. Pelo contrário, as outras duas almas localizam-se no peito e no ventre, permanecendo esta última passiva e imóvel (77a-c), ou permeando os membros (73b-e).

O problema do mal é então originado pelo encerramento da alma imortal e racional num corpo, deixando-a à mercê da influência das almas irracionais e mortais que o "animam". Teologicamente, a questão é provocada pela diferença de pureza das duas almas, reforçada pelo fato de ser obra de diferentes criadores (a primeira, do demiurgo, as outras duas dos deuses criados; ver *Fedr.* 246a: a referência metafórica à diferença "de raça" dos cavalos dos deuses e dos mortais). Eticamente, porém, é agravada pelas deficiências de educação e de inserção política, bem como de caráter[159].

Na perspectiva do *Timeu*, o mal será mais o nome genérico para uma doença do que resultado de uma decisão desviante do sujeito. Em qualquer dos casos, nunca poderemos encará-lo como um princípio, em si, oposto ao Bem, mas apenas derivativamente, como resultado de uma deficiência constitutiva da alma, do corpo ou do composto[160].

---

158. Parece-nos que a finalidade do diálogo é argumentar contra a perspectiva corrente, representada por Símias e Cebes, acerca da posição dos "filósofos" no que diz respeito à morte. Não cremos que o diálogo deva ser lido como um tratado sobre a alma, nem que o que aí se diz sobre a alma constitua "doutrina platônica". Neste sentido, a posição do *Fédon* parece-nos ser *complementada* e não negada pela abordagem tripartida do *Fedro*, da *República*, do *Timeu* e das *Leis*. E isto pela simples razão de não parecer haver qualquer dificuldade em restringir a imortalidade à parte racional da alma, que será a protagonista dos processos de punição, purificação ou recompensa no Além, referidos nos quatro mitos escatológicos do *Fédon*, do *Fedro*, do *Górgias* e da *República* X. Correspondentemente, não será exagerado supor que tudo o que é dito acerca do "corpo" vale para a alma mortal, que o anima.

159. Neste ponto, o *Fédon*, o *Górgias* e a *República* assumem uma posição admonitória e puritana, que ignora o diagnóstico "desculpabilizador" do *Timeu* 86b-e, embora não o contradigam formalmente. Mas esta perspectiva nosológica, como veremos a seguir, não deve ser encarada de um ângulo exclusivamente psicologista.

160. Cósmico ou individual, embora este seja o mais importante para nós. Mas não podemos esquecer que a obra do demiurgo só é boa "na medida do possível" (ver o estudo clássico de H. CHERNISS, The Sources of Evil According to Plato, in L. TARÁN (ed.), *Selected Papers*, Leiden, 1977, 253-260.

Esta abordagem nosológica da questão do mal traz relevantes consequências sociopsicológicas. O ponto em que nos achamos mais distantes de Platão e dos gregos, em geral, é o que diz respeito à vontade, que para nós é decisiva no tratamento conferido à ação e aqui nem sequer se manifesta.

Nos termos do *Fedro*, o conflito ético pode ser descrito como o efeito que o cavalo negro tem na condução da carruagem, portanto diretamente no cavalo branco e indiretamente no auriga. Pode chegar a subverter o domínio da Razão não só frustrando as tentativas de condução pela parte do auriga, como impedindo o cavalo branco de atender à exortação do *logos* (253d). Supõe-se que, a continuar a mostrar-se o mais forte dos três, impossibilite pura e simplesmente um comportamento racional da alma.

O *Timeu* reforça este quadro ético de uma perspectiva antropológica e biológica. Um simples fenômeno fisiológico, como o excesso de produção de esperma (86c), é suscetível de provocar um comportamento tão perigoso para a comunidade que pode se transmitir a toda ela, com graves consequências sociais (ver em *Górg.* 491e-492c o cultivo desenfreado das paixões advogado por Cálicles). O mal é aqui encarado quase como uma epidemia que se alastra até contaminar toda a sociedade.

Como vimos, nada do que aqui se diz contraria a substância do que antes se sustentou sobre a natureza da alma dos mortais. Como polo dominante da personalidade, sede do "eu" (*autos*), a alma constitui um todo, suscetível de ser encarado de três perspectivas diferentes: a Razão, a "sede do querer", o apetite, que responde à carência fisiológica. Considerá-la una ou tripartida responde apenas à conveniência de melhor leitura do argumento.

Quanto à possibilidade de encarar uma alma irracional à dimensão cósmica, que encontraremos no Livro X das *Leis*, o *Timeu* nada propõe, pelo fato de privilegiar a abordagem da questão da alma de uma perspectiva antropocêntrica. Mas não poderemos ignorar os sinais colhidos do enfoque mais abrangente do tópico, que associam profundamente a alma a qualquer manifestação da vida.

Por essa razão, a terminar e no contexto da conjunção das almas racional e irracional, convém assinalar dois passos particularmente relevantes para a compreensão dessa abrangência com que a concepção platônica da alma chega a ser tratada.

O primeiro refere o modo como o demiurgo construiu a medula. Esta é formada pelos "primeiros triângulos": regulares e lisos, aptos para a construção dos elementos. Estes foram aproveitados para fabricar o tutano de todos os seres mortais, no qual foram implantadas as diferentes espécies de almas[161] (73b-c).

---

161. A. Rivaud, *Platon, Timée-Critias,* Paris, 1925, traduz e interpreta o passo da seguinte maneira: "E todas as espécies de figuras que cada espécie de seres deve seguidamente

Agregando partes do corpo, para nós inteiramente distintas, como o cérebro, o esperma e a medula óssea, esta substância suporta "os laços de toda a alma, à volta dos quais [o demiurgo] produziu este nosso corpo" (73d).

Esta nota parece-nos particularmente ilustrativa do vitalismo platônico. A vida constitui uma rede contínua envolvendo o Todo e cada um dos todos dele constituintes. No macrocosmo, é tecida em torno dos astros, suportes e veículos dos corpos divinos, aos quais cabe regular a ordem do mundo. No microcosmo, espalha-se pela medula dos ossos, cuja função é suportar o corpo dos mortais. Concentra-se no cérebro, "que havia de receber a semente divina", possibilitando a inteligência. Finalmente, gera o esperma[162], assegurando a reprodução dos mortais.

O segundo passo refere a origem dos vegetais. Formados por uma substância semelhante à do homem, são por isso seres vivos.

> Ora, tudo o que participa da vida pode ser justa e corretamente chamado ser vivo, e aquilo de que estamos a falar agora participa da terceira espécie de alma, que tem assento entre o diafragma e o umbigo, como dissemos, e em nada partilha da opinião, do raciocínio ou do pensamento, mas antes da sensação, quer de prazer, quer de dor, combinadas com o apetite[163] (77b).

Encarando em paralelo os dois textos, eles parecem-nos sugerir que, assim como os deuses regulam os movimentos da alma cósmica, também todos os seres vivos são penetrados pela alma, que funciona como o centro regulador das suas vidas nos corpos que ocupam.

7. Alma no *Teeteto*

Não é costume incluir o *Teeteto* nas obras em que a alma recebe um tratamento relevante. E, no entanto, nenhum sentido poderá ser atribuído a esse diálogo sem prestar atenção ao conspícuo papel que a alma nele assume. Como

---

receber, [o deus] distinguiu-as imediatamente na própria medula e desde essa divisão inicial" (73c). Rivaud vê aqui a tese de que a medula contém *sementes de todas as espécies de mortais*, interpretando as "espécies de almas" como os tipos de almas e corpos de todos os animais. Contra: M. J. Figueiredo, Platão, *Timeu*, Introd. J. T. Santos, Lisboa, 2003, a cuja tradução recorremos.

162. Cornford, op. cit., 295, cita Alcméon (DK14A13) e Hípon de Regium (DK26A12) para defender que o esperma "corre" do cérebro (ver 86c).

163. Tradução citada acima.

na generalidade do *corpus* platônico, a alma comparece com os sentidos habituais num número significativo de passos. Mas há um contexto em que a sua manifestação assume um aspecto particular, prolongando aquele que encontramos no *Fédon* e nos livros centrais da *República*.

A alma e a sensação[164] (184d-186e)

No momento em que se encaminha para a refutação da primeira definição de Teeteto — a *epistêmê* é sensação —, depois de os apoios de Protágoras e Heráclito à definição[165] terem sido desmontados (183d), Sócrates volta-se para a identificação dessa "noção única", capaz de "processar" os sinais recebidos do mundo externo (184d-e).

A não-comunidade e a incomensurabilidade dos domínios dos diversos sentidos (184e-185b) obrigam então a admitir a existência de "algo" através de que se "pensem" (*dianoei*) os sentidos, visando à captação do "comum" (185b-c).

A pergunta sobre essa "competência"[166], que se exerce sobre o que é comum aos sentidos e se expressa por entidades como Ser e Não Ser, Semelhança e Dessemelhança, Mesmo e Outro, Uno e Múltiplo, Par e Ímpar, só pode ser respondida pela menção à alma (185c-d). É ela que "observa umas coisas por si e outras através das competências do corpo" (185e).

No primeiro caso, incluem-se as noções que habitualmente vemos associadas às Formas, que a alma "relaciona" (*analogidzomenê*) no tempo (186a-b). Mas é na própria contrariedade do sensível que a alma exercita a sua capacidade de

---

164. O termo *aisthêsis* cobre não apenas a sensação, mas também coletivamente a percepção e por vezes um ou outro caso especial de "captação", não necessariamente pelos sentidos; ver M. FREDE, Observations on Perception in Plato's Later Dialogues, in G. FINE (ed.), *Plato I*, Oxford, 1999, 377-383.

165. Note-se que a superação do contributo destes dois pensadores para a compreensão da sensação não implica a rejeição da "sua" análise do sensível, ou seja, daquela que Platão lhes atribui. O sensismo de Protágoras e o fluxismo de Heráclito nunca são objeto de refutação no *Teeteto*. Sócrates limita-se a evidenciar, de múltiplas perspectivas, a sua insuficiência para uma compreensão adequada da unidade da atividade cognitiva: da *epistêmê*, o que é o mesmo. Note-se ainda que Teeteto é o único responsável pela identificação do saber com a sensação. É claro que nenhum heraclitiano prestará a mínima atenção à demonstração da impotência epistêmica do fluxismo, o mesmo podendo ocorrer com um sensista, a despeito da reverência manifesta por Protágoras em relação ao saber (ver *Protágoras* 352d).

166. *Dynamis*; parece dever ser aqui aplicado ao termo o sentido e a tradução expressos na *República* V 477d: "aquilo por que podemos aquilo que podemos".

comparar as Formas umas com as outras[167] (186b), capacidade desenvolvida gradualmente e com dificuldade, através da educação (186b-c).

Torna-se então claro, se o ser deve ser atingido antes da verdade — e esta é condição da *epistêmê* —, que "a *epistêmê* não se acha nas sensações (*pathêmasin*), mas na reflexão sobre elas" (186d).

Desta conclusão resulta imediatamente a refutação da definição apresentada por Teeteto. Mas é relevante a importância da função que a alma desempenha na aquisição do saber, pois é ela que "processa" os dados colhidos das sensações[168] e reflete sobre eles.

O modo como esta reflexão é realizada pela alma é esclarecido, por um lado, pelas condições expressas no *Fédon* e nos Livros VI e VII da *República* e, por outro, pela continuação do *Teeteto*.

A alma e o pensamento

Estabelecida então a associação entre a reflexão[169] (que só tecnicamente se distinguirá do pensamento) e a *epistêmê*, torna-se necessário explicar como o pensamento conduz à produção da opinião verdadeira, que Teeteto indica como próximo candidato ao exame de Sócrates (187b)[170]. A questão é abordada num breve passo que vale a pena reproduzir na íntegra:

> [O pensamento (*dianoeisthai*)] é um argumento (*logon*) que a alma percorre consigo própria acerca das questões que examina. ... ... Pensar não é senão a conversa pela qual a alma pergunta e responde a si própria ora afirmando, ora

---

167. É evidente a relação com o passo da *República* VII 523e-525a, em que é feita referência às noções que levam a alma a refletir.

168. O argumento da anamnese, no *Fédon*, mostra ainda que estes dados não são brutos (como decorreria da aceitação das teorias de Heráclito e Protágoras, no *Teeteto*), mas estruturados pela memória das Formas, que a alma colhe na sua existência desencarnada. É singular a posição do *Teeteto* sobre esta questão, pois, a despeito da irrelevância da reminiscência para o argumento do diálogo, a alma continua a desempenhar nele uma função determinante.

169. A lição a extrair do argumento final do Livro V, das duas analogias e da alegoria da *República*, é que a reflexão, aí referida pelo termo *dianoia*, consiste na dupla capacidade de:
1. distinguir a multiplicidade de cópias sensíveis do seu original inteligível;
2. concluir raciocínios, movendo-se de um domínio ontoepistemológico ao outro.

170. Logo também à da opinião falsa, cuja discussão da possibilidade constitui o núcleo da refutação da segunda definição. A dificuldade da definição reside na identificação do saber infalível (152c) com a opinião, que pode ser verdadeira ou falsa.

negando. Quando chega a uma definição (*horisasa*), mais devagar ou mais depressa, num salto, e afirma uma coisa, não hesitando entre duas, dizemos ser essa a sua opinião. De modo que chamo ao opinar dizer, e opinião a uma frase (*logon*) dita, não a outro, nem com voz, mas em silêncio a si próprio (189e-190a).

Sem prestar muita atenção às flutuações da tradução[171], notamos que o passo lança luz sobre a metodologia das investigações socráticas e o modo platônico de escrever filosofia. Pensando no *elenchos* tal como os diálogos socráticos o caracterizam, percebemos agora que foi esboçado para constituir uma adequada representação do pensamento: processo pelo qual a alma busca o consenso das opiniões expressas na conversa entre os dialogantes[172].

Aceitando então a analogia forte entre o processo mental a que chamamos "pensamento" e o método de pergunta e resposta, utilizado nos diálogos, percebemos como todo ele assenta na capacidade de produção de opiniões. Devemos, porém, distinguir dois tipos de opiniões.

No primeiro grupo incluem-se a resposta do interlocutor à pergunta de Sócrates e a conclusão do *elenchos*, que direta ou indiretamente a contradiz. O segundo grupo é constituído pelas proposições formuladas por Sócrates, bem como pelos exemplos por ele apresentados, aos quais o interlocutor anui.

É a solidariedade da primeira resposta com uma parte do conjunto das opiniões, e a da conclusão com a outra que gera a contradição. Todas elas, porém, devem ser encaradas como opiniões: expressas ou não verbalmente, pois o pensamento é o "argumento na alma", tal como o *elenchos* é a discussão real entre os dois investigadores.

O quadro global do processo mental e da técnica de investigação emerge do *elenchos* da segunda definição do *Teeteto*, na qual a alma se manifesta no contexto dos dois símiles, propostos por Sócrates para compreender a relação entre a memória e a produção da opinião: os do bloco de cera e do aviário.

---

171. *Logos* é primeiro traduzido como "argumento", depois como "frase". A diferença de traduções só pode ser justificada pelos verbos dos quais *logos* é complemento. No primeiro caso, o sentido iterativo do verbo *diexerchomai* denota um processo, expresso pelo termo "argumento", enquanto no segundo o verbo *horidzô*, aqui quase com o sentido técnico de "definir", aponta o atingir da conclusão: a opinião expressa pela "frase" dita em silêncio pela alma a si própria.

172. O interrogador (Sócrates) orienta a investigação, formulando questões que o respondente transforma em opiniões do outro. Será a sua própria exigência de consenso interior que o obrigará a reconhecer a contradição. Desta resultará nova resposta (quase sempre sugerida por Sócrates), até eventualmente se declarar a aporia.

Neste sentido, o *Teeteto* deverá ser encarado como o fecho da análise platônica da cognição, em perfeita coerência com a concepção da anamnese e a teoria das Formas. Nele a multifuncionalidade da alma — expressa nas obras que temos considerado — estreita-se, a ponto de se confundir com aquilo que futuramente se designará com o termo "mente".

Pode-se colher um excelente exemplo desta concepção na apresentação da teoria do Sonho:

> quando alguém chega à opinião verdadeira sobre alguma coisa, sem explicação, a sua alma encontra-se na verdade (*alêtheuein*) a respeito disso, mas não o conhece. Com efeito, aquele que não for capaz de dar e receber uma explicação sobre algo ignora-o. Por sua vez, se chegou a uma explicação, não só tudo isto lhe veio a ser possível, como além disso tem completamente o saber (202c).

O interesse do passo reside na admissão da possibilidade de a alma se "encontrar na verdade" acerca de algo, antes de formulá-la por meio de uma proposição ou explicação (*logos*). É esta possibilidade que acaba por ser responsável pela aporia múltipla com que termina o diálogo, pois é a relação de dependência entre a verdade do *logos* e a verdade na alma que impede que alguma vez seja atingido o saber infalível, sem cair num infinito regresso (210a). Como veremos abaixo, a dificuldade será definitivamente afastada, no *Sofista*, pela concepção da verdade como uma propriedade do *logos* (263b).

8. Alma no *Sofista*

Além das referências feitas nos termos habituais, o *Sofista* menciona a alma em dois contextos interessantes. O segundo (263e-264b) confirma e prolonga o passo do *Teeteto* agora examinado (189e-190a). Começa por identificar o pensamento com o discurso[173], distinguindo-os apenas pelo fato de o primeiro ser "o diálogo sem voz da alma consigo própria" e o segundo uma "corrente que brota com som, através da boca". Termina identificando o pensamento com a opinião e afirmando que esta terá, como o discurso, de ser verdadeira ou falsa, definitivamente afastando a possibilidade de uma verdade anteproposicional.

---

173. O mesmo *logos* que no *Teeteto* traduzimos por "argumento" e "frase" aparece agora como o coletivo das "coisas ditas".

O primeiro passo insere-se no contexto da "gigantomaquia" que opõe os que reduzem toda a entidade ao corpóreo (246a-b: muito provavelmente, os atomistas) aos "amigos das Formas", que aceitam um invisível, dominador e controlador do sensível (246b-c, 248a-b). Com a finalidade de explicar e posteriormente corrigir as teses destes últimos, o Hóspede começa por identificar o ser vivo mortal com o "corpo animado", para apontar a alma como sede das virtudes e dos vícios (246e-247a).

Estabelece então a existência da alma e das Formas das virtudes (ver *Féd.* 76e-77a), uma e outras invisíveis, pondo o problema de saber se os defensores do corpóreo acham que estas têm corpo. Mas estes já tinham concedido que a alma tinha uma espécie de corpo (247b-c; ver Aristóteles, *Da alma* A2, 405a11 e DK67A28).

Ultrapassando a oposição dos dois contendores com a sua definição do ser como "o ativo e o passivo" (a capacidade de produzir a mudança ou de ser afetado por ela: 247d-e), o Hóspede reavalia então a distinção entre "geração e ser" (247b-c; ver *Rep.* VII 534a; *Tim.* 27d-28a), pondo em causa a atribuição ao corpo e à sensibilidade a participação na geração, sujeita à mutabilidade, e à alma e ao pensamento a participação no ser idêntico e imutável (248a-b).

Se a alma conhece o ser e este é conhecido, levanta-se o problema de saber se um deles pode ser ativo sem que no outro se manifeste a passividade (248d-e). Consequência da alternativa é que a oposição dualista não poderá ser aceita, pois necessariamente alma e ser não poderão ser ambos ativos, achando-se um deles em repouso, contra o estrito dualismo proposto (248e-249a). Estabelecido este ponto, dele resulta que todas as coisas serão "imóveis e móveis", consistindo o todo em ambas (249b-d). A conclusão atingida pelo raciocínio é que, pelo fato de o movimento e o repouso serem "o mais contrários" um ao outro[174], estes dois mais o ser serão três na alma[175] (250b).

*

Este argumento é importante para a definição dos cinco sumos gêneros e do regime de relações que mantêm uns com os outros. Das duas questões conjunta-

---

174. Note-se que, pelo fato de se tratar de membros excludentes, a negativa pode, sem lesar o argumento, manter o sentido de contrariedade.

175. É claro que a impossibilidade de o movimento e o repouso participarem um do outro implica que o ser não possa participar dos dois ao mesmo tempo, mas que tenha de participar de um *e* de outro. Daí resulta que terá de existir além deles. Do mesmo modo, também eles participarão dele, cada um deles existindo, mas nunca conjuntamente um com o outro.

mente decorre a possibilidade de resolver o problema do não ser, pela reformulação da negação como alteridade (e não mais contrariedade). Dela dependerá a questão da verdade e falsidade, e da relação entre uma e outra, a da aparência.

Mas o argumento é também relevante para a compreensão de como este "novo" tipo de problemas não leva Platão a abandonar concepções sustentadas em contextos que lhes são de todo alheios. E é assim que o vemos fazer referência à teoria das Formas e à concepção da alma como movimento para atingir resultados que nada têm a ver com teorias propostas noutros diálogos.

9. Alma no *Filebo* e no *Político*

Nestes dois diálogos encontramos dois passos que, não obstante sua relativa brevidade, não deixam de ter importância, por um lado, acrescentando, por outro, corrigindo a concepção da alma cósmica que vemos desenvolvida no *Timeu* e no Livro X das *Leis*.

No *Filebo*, a questão é a do aprofundamento da natureza do prazer. É neste contexto que é feita a pergunta acerca do domínio do espírito (*nous*) sobre o céu e a terra (28c). Na resposta, Sócrates assegura e Protarco confirma que, comparando as perspectivas de o cosmo ser governado pelo acaso irracional ou pelo "espírito e por uma espantosa sabedoria", a primeira é considerada ímpia, enquanto a segunda é tida como "digna do aspecto do mundo" (28d-e).

Daí resulta que a ordem deve submeter os "elementos", compostos do corpo, pela alma[176] (29a-30a), pois sem ela a sabedoria e o espírito não poderiam ser gerados (30c). Este fato implica que Zeus possua uma "alma e um espírito reais" (30c), implantados pelo "poder da causa"[177]. A discussão retorna então à questão do prazer, mostrando — em correção de posições assumidas no *Górgias* e no *Fédon* — que o prazer deverá também ser associado ao espírito.

Quanto ao *Político*, a alma intervém na investigação no decurso de um mito (269c-274e) que vem reforçar um ponto, a assinalar no exame do Livro X das *Leis* (899d ss.): o de "a forma real" do político implicar a responsabilidade deste pelo governo dos seus súditos (268c).

---

176. A posição aqui desenvolvida assume a orientação de um paralelismo estrito entre o macrocosmo e o microcosmo.

177. Causa que, pelo que o *Timeu* evidencia, só pode ser o demiurgo e o bem, ou seja, as Formas.

10. Alma nas *Leis* X

Na sua esmagadora maioria, a abordagem que o tema da alma recebe nas *Leis* confirma o que já foi dito em outros diálogos[178]. Particular atenção deve, porém, ser concedida ao Livro X, que, além de uma ampla coincidência com o *Fedro* e o *Timeu*, introduz uma perspectiva inesperadamente nova.

Natureza e arte (ou "convenção"[179]: *technê): 888d-890a*

Torna-se necessário começar por referir o contexto polêmico do passo, explicativo do estilo de início argumentativo, depois homilético nele dominante. O Ateniense recorre às categorias opostas da natureza e da *technê* para caracterizar os bens e os valores[180]. Em avaliação acham-se sucessivamente o cosmo e aquilo que o compõe, e os deuses, vistos pelas perspectivas de anônimos "homens sabedores", colhidas da tradição (888e).

O passo divide-se em três momentos, separados por consecutivas intervenções do Ateniense. O primeiro (889a) estabelece a evidência da prioridade, cronológica e em dignidade, da natureza em relação à arte[181]. O segundo (889b-e) explica as razões desta prioridade: os contrários existem por natureza, originando todas as coisas — o céu, os animais e as plantas etc. —, por obra do acaso (*tychê*). As

---

178. T. M. ROBINSON, op. cit., 145-146, enumera os passos mais interessantes, comentando alguns. Discordamos apenas do comentário a 959b3-4: "a alma é o verdadeiro eu e goza de imortalidade pessoal". O passo em questão ("mas o ser real de cada um de nós, a que chamamos a alma imortal, parte para a presença de outros deuses...") não atribui a imortalidade *pessoal* ao eu de cada um. Afirma apenas que se chama "alma imortal" àquilo que constitui o nosso ser. Como veremos, da transmigração resultam grandes dificuldades para a atribuição da imortalidade àquilo a que *nós* chamamos o nosso ser.

179. Com *technê*, neste contexto, Platão indica uma agência exterior — humana ou divina —, expressiva de um desígnio, logo compreensível exclusivamente de uma perspectiva teleológica. Pelo contrário, a "natureza" exprime o caráter intrínseco do valor ou do bem considerado: o que é, em si e por si, independentemente de quem o avalia.

180. O tema é de transcendente importância e tratado em inúmeros autores, de perspectivas muito diversas. Para uma abordagem ampla, com referência aos principais problemas e fontes, além de indicação da bibliografia relevante à data: W. GUTHRIE, *A History of Greek Philosophy III*, Cambridge, 1969, 55-134 (para este passo, ver 115; I 144).

181. As obras de arte são "artificiais", o que implica, portanto, serem obras de um "artista" (*technikos*). A inovação platônica consiste em relevar a secundaridade da arte, divinizando o seu criador.

artes apareceram mais tarde tanto para a diversão (pintura, música etc.), quanto para compensar a natureza (medicina, agricultura, ginástica e política).

O terceiro (889e-890a) muda inesperadamente de assunto e de perspectiva[182], debruçando-se sobre os deuses. Ao encará-los como produto das crenças humanas, estes homens tornam-nos em tópico de disputa, a qual dará origem a inúmeros conflitos éticos, para os quais eles próprios apontam o remédio[183]. Tal atitude espalha a impiedade e requer intervenção política imediata.

Finalidade do argumento subsequente (890a-892b)

Em primeiro lugar, há que impor a crença na existência dos deuses, por natureza. Depois, deve ser mostrado que a arte em nada é inferior à natureza, procedendo da inteligência (*nous*), de acordo com a reta razão[184] (890d).

Estes "investigadores da natureza"[185] não só se tornam culpados de impiedade, mas são ainda "fonte de opinião irracional". É expressamente para corrigi-los que o debate se entrega ao estudo das coisas divinas e da alma, visando estabelecer:

1. a prioridade da alma em relação ao corpo;
2. o seu comando de toda mudança e transformação daquele.

Daqui resulta a prioridade da "opinião, do estudo, do pensamento, da arte e da lei" sobre os contrários e a consequente posterioridade da natureza[186] em relação a eles (892a-b).

---

182. A mudança de inflexão é surpreendente para um leitor atual. "Arte" é agora encarada como "convenção": aquilo que, sendo produzido pelos homens, evidencia as diferenças que os separam (as suas particulares convenções). A perspectiva crítica do Ateniense insinua a imputação de "relativista" a tal perspectiva.

183. O conselho que dão para triunfar nestas disputas é recorrer à violência, de acordo com a lei da natureza, pela qual triunfam sempre os mais fortes (ver Cálicles, no *Gór.* 482c ss.).

184. Implicitamente, esta posição de Clínias reforça a perspectiva crítica do relato da criação, tal como o *Timeu* o apresenta e a sequência confirmará.

185. Ver a crítica aos naturalistas no *Fédon* 96a ss., com a conclusão que aponta para a introdução do Bem, entendido como a causa que "conjuga e congrega" todas as coisas (99c).

186. Posterioridade que poderá ser salva através da consequente redefinição da natureza, a partir de agora identificada com a alma, contrariando a tradição que sempre a associara aos contrários. Os visados pela crítica continuam a ser os naturalistas, toda a tradição e implicitamente o modelo cosmológico do vórtice (892c).

Prioridade da alma como princípio de movimento (893b-896c)

O Ateniense esboça então um argumento baseado na hipótese segundo a qual algumas coisas se movem e outras permanecem em repouso (893c). Este é, particularmente, o caso do movimento circular, imóvel no centro, porém animado de um movimento (ou "de uma velocidade") proporcional à sua distância do eixo (893c-d). Enuncia depois oito tipos de movimento (893d-894a):

1. circular, em torno de um eixo fixo;
2. locomoção (deslizamento ou rolamento);
3. combinação;
4. separação;
5. aumento;
6. diminuição;
7. gênese;
8. destruição.

Acrescentando ainda mais dois a seguir, que atribui à alma:

1. O movimento que move outros, mas é incapaz de se mover a si próprio;
2. O movimento que se move a si próprio e aos outros (por combinação, separação, aumento e diminuição: 894b-c).

Este último "adapta-se harmoniosamente a todas as formas de ação e paixão", sendo considerado "a única mudança e movimento de tudo o que realmente existe", além de o primeiro "pela gênese e força", sendo o anterior o segundo (894c-e). O outro é considerado "o primeiro mutante" (ou "primeira causa da mudança": *prôton metaballon*), o único que se move a si próprio, originando uma cadeia de mudança que progride através de milhares de milhares de casos. Este será o princípio de todos os movimentos, o mais antigo e potente "mutante" de todos, do qual depende o movimento que é alterado por outro e move outros[187] (894e-895b). Um movimento deste tipo, gerando-se na terra, na água ou no fogo, separado ou em combinação, pelo fato de se mover a si próprio, seria "vivo" (*dzêin*), evidenciando a presença da alma nas coisas[188] (895c).

---

187. A reordenação, reforçada por observações autocríticas, substitui a perspectiva da caracterização qualitativa dos movimentos pela da gênese e da potência *kata logon*, a qual confere ao "movimento que se move a si próprio" o estatuto de princípio e causa.

188. Depois de se apresentar como o princípio do movimento, a alma manifesta-se aqui como a fonte que transmite a vida aos contrários, dando origem aos seres "animados". A capital

Daqui resulta ser "o movimento que se move a si próprio" a definição (*logos*) de alma, esta entendida como a causa de movimento e mudança em todas as coisas, a mais antiga, o princípio de movimento, enquanto o movimento causado será a mudança de um corpo "inanimado" (*apsychon*), com a consequência de a alma ser necessariamente anterior ao corpo, sendo este "governado por ela, por natureza" (895e-896c).

Consequências do princípio (896c-e)

Quatro corolários desta conclusão são:

1. "As coisas da alma" são "mais velhas" que as do corpo.
2. Sentimentos, disposições, desejos, raciocínios, considerações da opinião verdadeira e memórias têm prioridade sobre comprimento, largura e profundidade e força dos corpos.
3. A alma é a causa dos bens e dos males, do nobre e do vil, do justo e do injusto, bem como de todos os opostos.
4. A alma domina e habita em todos os movidos, controlando o céu (896c-e).

Finalmente, tendo em conta a magnitude e a diversidade dos efeitos produzidos, não uma, mas várias almas, não menos de duas, serão a causa do bem e do mal (896e).

As duas almas (896e-899a)

Sintetizando o exposto, a alma conduz todas as coisas no céu, na terra e no mar com os seus movimentos, cujos nomes são: preferência[189] (*boulesthai*), desígnio, previsão, consideração (*bouleuesthai*), opinião verdadeira e falsa, alegria, dor, ousadia, temor, ódio, amor e todos os outros, comandando aumento e diminuição, separação e combinação, que se efetuam sobre quente e frio, pesado e leve, duro e mole, branco e negro, amargo e doce, e todos que a alma usa quando, com a

---

importância desta observação reside no fato de atribuir vida ao movimento originário do vórtice, relegando o movimento mecânico à categoria de movimento derivado. Deste modo o acaso é excluído do processo de geração do cosmo.

189. Embora as traduções da terminologia platônica no domínio da psicologia envolvam sempre risco, deveremos assinalar a diferença entre um desejo que visa a uma finalidade indeterminada, envolvendo deliberação, e aquele outro dirigido à satisfação das carências do corpo (*epithymia*), que no *Fedro* é alvo da crítica de Platão e na *República* IV se identifica com "os desejos e os prazeres" da alma concupiscente (430e-432b).

razão, governa bem e com bom sucesso todas coisas, e quando, com a desrazão, produz o oposto destes (896e-897b).

À alma racional e virtuosa caberá o controle do céu, da terra e do círculo, regulando todo o cosmo e guiando-o no seu caminho (897b-c). Observando a imagem desta condução, diremos que enquanto a revolução da razão é em círculo, no mesmo, à volta das mesmas coisas e em relação a elas (*vide* 898c), o movimento não-uniforme, irregular, nunca no mesmo, nem no cosmo, nem com ordem, sem proporção (*logos*), é o da desrazão (898a-c).

Se a alma racional, invisível, move todos e cada um dos astros, tal como cada corpo, vivo ou mortal, podendo-se dizer que envolve todo o corpo, inacessível aos sentidos, como ente racional, então ou existe no Sol e dirige-o, como a alma a cada um de nós; ou então, como um corpo ígneo, empurra o corpo de fora; ou ainda, incorpórea, mas possuidora de potências maravilhosas, conduz o corpo (898e-899a).

CONSEQUÊNCIAS MORAIS (899B SS.)

Esta alma que os homens veem como um deus ordena as estações, os meses e os anos, "enchendo tudo de deuses" (899b).

Daqui resulta, concluindo todo o argumento, que os deuses existem[190] e que quem o negar deve ser punido (899d-900d), que todo o bem e toda a virtude deles procedem, mas não o mal (900d-e), e que o homem não deve ser indolente (900e-901a).

Resulta ainda uma série de deveres morais para os homens e de considerações que devem mostrar pelos deuses (901a-903b), em tudo observantes do teleologismo (903b-d). Todas as ações envolvem a alma, indestrutível, mas não eterna, produtora do bem e do mal, sujeita à recompensa ou ao castigo. Esta é a verdade que todos os homens devem aprender para poderem ser felizes, honrando, mas não tentando comprar os deuses (903e-905d[191]).

*

Nada do que aqui encontramos traz alguma novidade quando comparado com a substância do que se diz sobre a alma no *Fedro* e no *Timeu*. Mas a tradição

---

190. E mais, "que cuidam dos assuntos humanos" (899d ss.), com todas as consequências ético-políticas e teológicas daí decorrentes. Platão assume aqui uma posição conscientemente teísta, já marcada por uma crítica das crenças deístas, como resulta da necessidade de advertir os homens que as esposam que são acusáveis de impiedade (900b).

191. Ver a crítica desta faceta da piedade tradicional no *Eutífron* 14e-15b.

dos comentadores, que desde a Antiguidade se têm debruçado sobre estes textos[192], deu origem a um imenso problema, motivado pela distinção entre as almas racional e irracional.

Do nosso ponto de vista, pode-se dizer que a questão não assume proporções gigantescas se optamos pela hipótese mais simples (ela própria não isenta de dificuldades, como veremos). Esta é a de que Platão não estará falando de duas almas que governam o cosmo em sentidos opostos, uma princípio do Bem, outra do Mal.

Não nos parece ser forçoso aceitar esta leitura que inexplicavelmente entraria em contradição com tudo o que sobre o tema lemos nos outros diálogos, em todos os aspectos do problema do Bem e do Mal[193]. Basta, para tal, pensar que, com a expressão "alma irracional", Platão aludirá apenas às partes das almas dos mortais responsáveis pela "vontade de poder[194]" e pelos apetites corpóreos[195].

São estas, particularmente a última, que no *Fedro* são responsáveis pelo encerramento das almas em corpos, delas derivando todo o mal — somático e psíquico, físico e ético — que pesa sobre os mortais[196]. De resto, como sempre, o texto nega formalmente alguma atribuição aos deuses e à Razão da responsabilidade pelo mal (897d-899b), deliberadamente cancelando a hipótese de uma alma irracional, de proporções cósmicas, responsável por um Mal absoluto.

Com esta proposta modesta conseguimos evitar uma grave contradição, embora decerto não possamos resolver todos os problemas. O mais delicado, que relaciona os três textos em que a questão da alma tripartida se associa às da

---

192. As referências bibliográficas podem ser vistas em T. M. ROBINSON, op. cit., nos capítulos dedicados às obras apontadas: 59-131, 145-155. Ver ainda, em particular sobre os problemas criados pela crítica antiga: H. CHERNISS, *Aristotle's Criticism of Plato and the Academy*, Baltimore, 1944; The Sources of Evil According to Plato, *Proceedings of Philosophical Society* XCVIII (1954) 23-30; The Relation of the *Timaeus* to Plato's Later Dialogues, in E. R. ALLEN (ed.), *Studies in Plato's Metaphysics*, London, 1965, 339-378.

193. Lembremos que o princípio socrático de que ninguém fará voluntariamente o mal, inesperadamente reiterado no *Timeu* 86e, seria anulado pela atribuição do Mal a uma alma cósmica.

194. Com esta expressão pretendemos interpretar os termos gregos *philonikos, philonikia*: "amigo das vitórias", que encontramos associada à alma "irascível" na *República* VIII e no *Timeu*.

195. Como a sequência e conclusão do Livro X mostram, o Ateniense está interessado em denunciar as diversas fontes de erro ético e político, apontando as correções políticas que necessariamente suscita. É este final, a que chamamos "homilético", que justifica a referência à questão do mal. A "desordem" de 898a-c seria então expressa por algo como o triunfo do cavalo negro, no *Fedro* 253e-254b, nada tendo a ver com a desordem anterior à construção da alma (*Tim.* 30a, 53a), nem com a manifestação da causa errante (48a ss.), que resulta da natureza espacial do visível.

196. Como o *Timeu* 86b refere. Mal que, nesta perspectiva, poderá continuar a ser encarado derivativa e indiretamente, quer dizer, como privação do Bem.

imortalidade e do Bem e do Mal, será precisamente o do lugar da parte irracional na alma desencarnada.

Que espécie de movimento poderemos atribuir-lhe no plano cósmico? Se considerarmos que a tripartição afeta *todas* as almas, confrontamo-nos com a necessidade de pensar num auriga e dois cavalos a guiar não só as almas dos deuses, mas a própria alma cósmica[197].

Por outro lado, se a "alma acrescentada" é mortal (*Tim.* 41a-d, 42d-e) — mesmo que os deuses e a alma cósmica não a possuam por não terem corpos elementais —, como poderão as almas dos mortais conservá-las, enquanto acompanham os deuses nos céus[198], *mesmo antes de encarnar?*

Finalmente, não implica a mortalidade destas almas a sua extinção, com a separação dos corpos? Então, se só o puramente racional é imortal, a alma não deverá conservar qualquer vestígio de corpóreo, nem das outras almas, nem sequer de outros sentidos de alma, associados à personalidade[199]. Então, *Sócrates é mortal!* O que é imortal não *é ele*[200].

Problemas desta natureza tornam-se impossíveis de erradicar quando se busca coerência em mitos — para mais, apresentados em textos diferentes — ou se tenta levar a sério metáforas. Estes textos não podem deixar de levantar grandes dificuldades à tentativa de conferir unidade a uma noção tão ampla como a da alma nos diálogos platônicos.

11. Alma na *Carta VII*

Autenticidade

Se não prestarmos qualquer atenção ao delicado problema da autenticidade, a *Carta VII* é o único texto platônico que viola os princípios do anonimato e da não assunção crítica de uma filosofia platônica. Não só Platão fala no seu nome

---

197. Salva-nos apenas a reserva platônica de se tratar de uma imagem, não da "forma da alma" (246a).
198. Lembremos a força atribuída ao cavalo negro, conducente à sua responsabilização pelo ímpeto amoroso, independentemente do fato de este poder vir a ser bem ou mal utilizado.
199. Devo a David Santos ter me sugerido a possibilidade de estas "almas irracionais" constituírem resíduos não purificados pela expiação (ver *Féd.* 81a-82a; *Rep.* X 614c ss.), que as almas arrastam para a sua vida desencarnada, entre reencarnações sucessivas.
200. De resto, aquela alma só deve ter chegado a Sócrates depois de ter passado por outros corpos, não podendo recuperar as asas antes de três existências como filósofo (*Fedr.* 249a).

próprio como reflete sobre a sua atividade pedagógica, ou melhor, sobre as razões para que nunca tenha escrito sobre a natureza das coisas.

É claro que as razões para recusar a autenticidade da *Carta VII* nos parecem persuasivas, embora não seja oportuno debatê-las aqui. Mas há ainda mais excelentes motivos para não relegar esse texto ao limbo dos apócrifos, pois, como se costuma dizer, se não é de Platão, é de alguém que conhece bem a filosofia platônica[201]. Por isso lhe faremos aqui referência.

Alma e Formas

A presença das Formas na *Carta* é vaga, pois, embora os termos *eidos* e *idea* não surjam uma única vez no texto, o argumento central da chamada "digressão filosófica" repousa sobre elas. Pelo contrário, a presença da alma na *Carta* é riquíssima e conspícua. Começando por algumas referências coloquiais na seção histórica do texto, sem novidades em relação ao que encontramos nos diálogos, contamos nove menções explícitas e uma implícita, todas com a maior relevância filosófica, ao longo da digressão (340b-345c).

O termo é abordado no sentido "técnico", dominante no *Teeteto*, próximo de "mente", sendo entendido como "lugar" (*en chôrai*: 344c7 — na *psychê,* implicitamente) da aprendizagem e do saber (341d1, 342c6, 343c1, 2, d7, e4, 344e1, 345c1) e uma única vez como sede da consciência moral[202] (342d7). Como veremos adiante, em 341d1, o termo acha-se inserido num rico contexto metafórico, com um sentido por vezes próximo de "sede da compreensão".

A questão da escrita

A despeito da importância que têm, estas menções da alma e das Formas só ganham sentido no contexto da digressão, motivada pela publicação, por Dionísio de Siracusa, de um escrito alegadamente suscitado por uma lição recebida de Platão.

O filósofo, despeitado pela distorção de que a sua lição foi objeto (341b; e por muito mais do que isso, como a *Carta* patenteia), denuncia o tirano, explicando as razões pelas quais a tentativa do outro, como autor de filosofia, fracassara

---

201. W. Guthrie, *A History of Greek Philosophy V*, Cambridge, 1978, 399-416, cita P. Shorey e M. Finley (399, n. 3) em apoio deste ponto de vista, que é também o seu.

202. Na realidade, o passo constitui mais um caso do sentido epistêmico dominante, apenas indiretamente indicando um uso "moral" do saber, presente na alma.

inteiramente. Mas obriga-se a justificar os motivos de ele próprio não ter produzido um "escrito"[203] (*syngramma*) sobre o assunto.

Estes, em substância, são três, dois deles amplamente documentados nos diálogos. O que encontramos com maior frequência é o da fraqueza inerente à linguagem (342e; e não especificamente ao discurso escrito; ver *Banq.* 211a, *passim*). O outro, que percorre todo o *Timeu* — e aqui constitui o núcleo do argumento platônico —, é o da dificuldade do assunto. Mas haverá ainda que considerar os dados referidos na introdução à digressão (341a-342a), além de outros adiante referidos. Antes, porém, de os abordarmos, impõe-se esclarecer uma questão prévia.

A escrita no *Fedro*

A controvérsia sobre as críticas de Platão à escrita contribui para associar a atenção que o tópico recebe na *Carta VII* à que lhe é dedicada no *Fedro*. Cremos que a diferença dos contextos em que surgem não permite que os encaremos como abordagens de uma única e mesma questão, embora haja indiscutíveis pontos de contato entre elas[204].

Como mostramos anteriormente, o alvo das críticas à escrita no *Fedro* é a ilusão de saber, produzida pela difusão do consumo acrítico de textos escritos, como forma de instrução correntemente praticada pela pedagogia da retórica. Nesse caso, a estratégia de Platão visa atingir dois objetivos:

1. denunciar as insuficiências da aprendizagem através de escritos;
2. expor as exigências de uma pedagogia da retórica baseada no saber e na prática correta da dialética.

O escrito de Dionísio

No caso de Dionísio, as circunstâncias são imensamente diferentes. A retórica e a produção de textos escritos, *em si*, admitida em "outras disciplinas" (*alla mathêmata*: 341c), não são visadas. O alvo da crítica é determinado pelas circuns-

---

203. Conferimos ao termo um sentido próximo de "tratado": uma composição sintética, escrita a partir de uma lição oral, com finalidade instrutiva, contendo teses dogmaticamente expressas. Mas não insistimos nesta tradução para argumentar que as crítica de Platão visam apenas a este tipo de escritos.

204. Queremos com isto sublinhar que a relação entre os dois passos é da responsabilidade do intérprete, na medida em que estes não consubstanciam, nem permitem, um tratamento unificado da "questão da escrita".

tâncias em que Dionísio produziu e divulgou um escrito, alegadamente seu, sobre o tema abordado por Platão na lição que lhe ministrou, e não a questão da escrita, em geral. Eis o que vai ser debatido. Abundam, porém, referências à produção de escritos, que não podem ser ignoradas.

Exigências da investigação filosófica

Dificuldade da questão

No todo, a digressão é dividida em quatro partes bem distintas. A primeira, introdutória (340b-341e), narra o ocorrido, adianta o ponto de vista de Platão e avança o fundamento da sua crítica. A segunda (342a-343e) expõe a tese da deficiência da linguagem. A terceira (343e-344b) associa a dificuldade do assunto à exigência de afinidade deste com a alma do investigador. A quarta amplifica o argumento (344c-345c), apontando as críticas apresentadas a Dionísio e a outros compositores de escritos.

A desconfiança de Platão em relação ao tirano, manifesta na prova a que o submeteu (340b-341a), é reveladora da consciência que quer manifestar das exigências da investigação filosófica. Um neófito deve abordar a filosofia a partir de uma exposição geral que contemple a unidade e a diversidade das questões tratadas, foque a dificuldade que apresentam e o esforço exigido do aprendiz (340b-c).

Aqueles que confundem a exposição recebida com a totalidade dos assuntos tratados (*to holon tinôn pragmatôn*: 340e-341a) mostram com isso a sua incapacidade de suportar o esforço (341a) requerido pela investigação. Foi o caso de Dionísio, como é atestado pela circunstância de, após uma única lição, ter se sentido capaz de compor, no seu próprio nome, um escrito sobre as coisas que ouviu.

É contra ele e outros que "dizem saber acerca das coisas que [ele] seriamente estuda (*spoudadzô*: 341c)" que Platão agora escreve, explicando as razões pelas quais:

1. eles nada sabem do assunto;
2. ele próprio não compôs um escrito sobre o assunto.

Essas razões apoiam-se numa justificação profunda. Quem conhece o assunto sabe que ele:

... não é expressável, como as outras disciplinas, mas que, a partir de continuado contato e comunhão com o próprio assunto (*pragma*), de repente, como a luz que salta de um relâmpago, [a luz] brota na alma e se nutre de si própria (341c-d).

Perante a exigência de aplicação e esforço prolongados, não se pode compreender como sobre o assunto se poderia, num escrito sintético, conter e colher instrução adequada. A justificação já seria bastante para impedir alguém de escrever sobre o tópico. Todavia, a ela acrescem ainda os dois fortes motivos apontados: a inexpressabilidade do assunto, justificada pela necessidade de contato íntimo e profundo com ele e a especificidade do processo de assimilação dos ensinamentos. Um e outro merecem a maior atenção.

Em si, a tese da inexpressabilidade não encontra apoio na obra platônica[205]. Se a levarmos à letra, mostra-se evidentemente excessiva. Não nos parece, contudo, que tenha de ser levada inteiramente a sério. Como vimos, Platão compara a natureza do ensino sobre o tema com o das outras disciplinas. E justifica a sua posição pelos motivos expressos.

Mas estes explicam bem a inexpressabilidade da questão, sem implicar referências mais obscuras. Pois, se a exigência de comunhão prolongada, aceitável por um "autêntico filósofo" (340b-341a), for atendida, a instrução sobre ela não poderá resumir-se a uma única lição; para mais, autossuficiente, pois, fixada por um registro escrito. Ora, tal não acontece "noutras disciplinas" (340c).

Já o outro motivo alegado se pode apoiar no "diálogo com o escravo", no *Mênon* 82-86. O modo como "as opiniões verdadeiras vêm à tona [no rapaz], como num sonho" (*Mên.* 85c), permitindo-lhe assimilar a solução do problema, poderá não ser diferente da "luz que brota na alma".

Platão poderá fazer aqui a defesa de uma concepção do saber como "compreensão", da qual haverá ainda eco em Aristóteles tanto na formação do universal na alma (*Segundos analíticos* B19), como no modo como o "pensamento ativo" se apropria das formas captadas através da sensopercepção pelo "pensamento passivo" (*Da alma* Γ5, 4-5).

Colocada como introdução à digressão, a tese da inexpressabilidade deixa-se ainda explicar pelas deficiências da linguagem.

Deficiências da linguagem

"Cada um dos entes" pode ser conhecido através de três "vias" (ou "modos"; o termo falta no texto): nome, proposição e imagem. A quarta é o saber, que com a compreensão verdadeira *(nous alêthês)* e opinião formam um (todo) contido na alma, mas não na fala e nas figuras corpóreas (342c). Em quinto lugar vem a própria coisa, que é "verdadeiramente cognoscível" (342a-b: *gnôston te kai alêthês*).

*

---

205. T. H. Irwin, na sua introdução a Platão, *Carta VII*, Rio de Janeiro, 2008, apoia-se neste argumento para alegar a inautenticidade da *Carta*.

Na sua simplicidade, o argumento enuncia uma ontologia e uma epistemologia obscuramente fundidas uma na outra. Comecemos pela ontologia. Há, em primeiro lugar, essas entidades a que chamamos Formas, para cada uma das quais há um nome, que as designa, uma proposição (ou definição: *logos*), que as descreve, uma imagem sensível, que as representa[206]. Há, pois, um mundo sensível no qual os três convivem, simultaneamente na realidade e nas almas de cada cognoscente. *Mas é só a partir das almas que se gera o saber da própria entidade.*

A epistemologia propõe uma primeira tese: a de que os três acima referidos proporcionam à alma o acesso ao saber, e que os quatro conjuntamente constituem a única via conducente à própria entidade (342d-e). Mas não deixa de sublinhar a diferença ontológica que os separa, patente no fato de a Forma do Círculo[207] ser inconfundível com cada um deles, dos quais constitui a referência[208].

Confusão resultante

Estabelecido este ponto, é proposto o segundo argumento. A deficiência da linguagem é devida ao fato de os quatro modos apontados tentarem expressar mais "a qualidade" do que "o ser" da coisa, com a consequência de que

> ninguém com tino se atreverá a expor [com o discurso] pensamentos sobre a coisa, especialmente quando [o discurso] for inalterável, como ocorre com os caracteres escritos (343a).

Como pode isto acontecer? Por um lado, a imprecisão de cada um dos quatro é indefinida[209]. Por outro, é ainda agravada quando a alma procura "conhecer o que é", pois

> ... cada um dos quatro propõe à alma, pelo discurso e por imagens, o que não é investigado, facilitando a refutação pelos sentidos das coisas ditas e mostradas, enchendo todos os homens de perplexidade e incerteza (343c).

---

206. Embora não haja uma única menção às Formas, expressões como "o próprio círculo" (*autos ho kyklos*: 342c), "o ser da natureza do círculo em si" (*to on autou tou kyklou tês physeôs*: 342c), extrapolada para "o ser de cada coisa" (*to on hekastou*: 342e), não podem ter outra referência. Note-se que esta inferência só pode ser feita a partir da suposição da autoria platônica da *Carta*.

207. A seguir são enumeradas as naturezas das quais há Formas: as figuras geométricas, as cores, as entidades morais, "todos os corpos, naturais ou fabricados", e os seres vivos (342c-d).

208. A alegação limita-se a qualificar, do ponto de vista epistemológico, diversos aspectos do dualismo ontoepistemológico expresso pelo argumento da anamnese no *Fédon*.

209. Pois a imagem contém aspectos contraditórios, o nome é produto de convenção e a definição insegura.

Como os sentidos não mostram "o que é", mas o que parece ("a qualidade"), a alma fica perplexa, por um lado, por não encontrar aquilo que busca, por outro, por ser facilmente refutada pelo que vê e ouve e através do que diz. Os controversistas ignorantes aproveitam-se dessa perplexidade para a exibir como sintoma da incapacidade de quem fala ou escreve. Mas o erro não se acha na alma deste, porém na deficiência dos quatro, potenciada pela confusão da alma:

> Pois é a progressão [da alma] através de todos eles, mudando para cima e para baixo, de um para o outro, que, com dificuldade, implanta o saber [da entidade] bem formado na alma bem formada (*eu pephykotos eu pephykoti*: 343d-e).

Afinidade da alma com a entidade

Depois da complicação induzida pela divergência dos sentidos e da linguagem com a inteligência, a última cláusula introduz uma dificuldade adicional. É requerido que tanto a entidade buscada quanto a alma do investigador sejam bem formadas, que ambas tenham uma "boa natureza", para que haja afinidade entre elas. Pois, quando "a natureza da alma" é deficiente — como ocorre com a maioria dos homens —, "[a alma] que não tem afinidade com o assunto (*syngenê tou pragmatos*), a facilidade de aprender, nem a memória, não produzirá a aprendizagem" (344a).

E isso porque esta "não brota em estados de [alma] estrangeiros". Almas como estas

> de modo algum aprenderão verdade que baste sobre virtude ou vício ... [já que] ... para estes é necessário aprender ao mesmo tempo tanto a verdade quanto a falsidade, da entidade inteira ... ... sendo através da fricção de uns contra os outros — nomes, proposições, visões e percepções —, testando com refutações simpáticas, perguntando sem inveja e respondendo com diligência, que se acendem subitamente a sabedoria e a compreensão acerca de cada um daqueles [virtude e vício], estendendo ao máximo o poder humano (344a-b).

*

À acima referida dificuldade resultante da deficiência da linguagem e da sensibilidade, além da complexidade do assunto, acresce nestes dois passos a exigência da afinidade da alma com a questão estudada. Em que e como poderá ela manifestar-se?

É tentador entrever aqui uma referência velada à reminiscência. A menção da memória a par da facilidade de aprender, a "boa natureza da alma" e a circunstância de a falta de uma destas condições bastar para impedir a aprendizagem (344a-b) concordam com a descrição da anamnese apresentada no *Fedro* 249b-250a.

Dessa perspectiva, a afinidade da alma com a entidade (ver *Mên*. 81c-d: *Hate [hê psychê] tês physeôs apasês syngenous ousês*) remeteria à visão pré-natal do espetáculo das Formas (*Fedr.* 246d-248c). Esta é confirmada pela exigência da contemplação das Formas para que a alma encarne num corpo humano (249b) e culmina na excelência da contemplação (249e-250c). Será a esta afinidade que o texto da *Carta* remete?

É arriscado afirmá-lo. Mas deve notar-se que retornam neste ponto os pontos de apoio da tese da inexpressabilidade: 1. a questão tem de ser abarcada no seu todo; 2. por uma compreensão súbita promotora do saber (341c-d).

Síntese
Terminado o seu argumento, retomando o tópico inicial da digressão, Platão entrega-se a uma última crítica a Dionísio. Mas o argumento desenvolvido é suficientemente intricado e importante para merecer uma recapitulação.

Como justificação da sua recusa de publicação por escrito da "sua lição", Platão inclui num complexo argumento várias teses suas sobre a criação filosófica. Seu objetivo principal é mostrar que a investigação filosófica, tal como ele a apresentou a Dionísio, não é compatível com a divulgação de sínteses dogmáticas, como habitualmente serão as apresentadas na forma escrita.

Antes de mais, deve-se notar que a filosofia é uma prática reflexiva continuada. Exige não apenas uma aplicação e um esforço que não podem ser expressos na forma habitual dos escritos, como a compreensão que eles não podem proporcionar. Todavia, a justificação desta tese obriga a considerar outras razões, relacionadas com a natureza dos objetos investigados.

Tendo a alma afinidade com as Formas, não só não é possível chegar a elas pelos sentidos e pela linguagem, como o recurso a estes deixa a alma perplexa e sem defesa perante os que a refutam a partir do sensível. É que estes ignoram que o acesso às Formas obriga a um penoso trabalho de depuração da sensibilidade e da linguagem. Acresce que este é consentido apenas aos poucos que, além de facilidade na aprendizagem, têm afinidade com as Formas.

Conclusão
Considerando todas as exigências, em bloco, é claro que os documentos escritos, correntes na Atenas da época, de que temos conhecimento[210] não as satisfazem. Por esse motivo, será louco quem tentar escrever e publicar sobre

---

210. Por exemplo, os discursos paradigmáticos de Górgias ou Lísias, "o livro de Anaxágoras" ou, por outros motivos, as obras de Heródoto e Tucídides.

"assuntos sérios" (344c). A única exceção poderia precisamente achar-se nos diálogos platônicos, dado que só neles encontramos um tesouro de recordações (*Fedr.* 276d) para aquele que já sabe (*Fedr.* 276a).

Pois — apesar de o *Fedro* os considerar um "divertimento" (276d) — poderemos encará-los como exemplos de investigações levadas a cabo com vista à descoberta da verdade, acerca de questões em que ela só pode ser atingida de modo tentativo, mediante um esforço gradual, ao longo de uma vida dedicada à reflexão. Por outro lado, a sua forma desencoraja a memorização e a absorção passiva de teses, acriticamente repetíveis, dado que o diálogo não as consente.

Significativamente, o escrito de Dionísio consegue violar a totalidade destas estipulações. Numa última nota relevante, Platão ainda admite a possibilidade de o escrito desempenhar a função de um apoio da memória. Mas tal não é necessário, pois a lição recebida "cabe no mais pequeno espaço" (344e).

Esta última observação afigura-se-nos enigmática. A frase pode ser lida de muitas perspectivas. Num extremo, poderá acomodar a enunciação dos princípios de uma metafísica dogmática. Num outro, numa leitura metafórica de *brachytatois*, Platão poderá estar afirmando que o autêntico saber — essa súbita compreensão — não ocupa espaço na alma. Bem ao contrário daquele outro constituído pelas opiniões, que, essas sim, ocupam pesado "espaço" na memória. Mas não saberemos apontar uma interpretação que se mostre definitivamente melhor que as outras.

*

Desse modo, a incerteza acompanhará a interpretação do texto, pois, terminada a digressão, não podemos com segurança apontar o tópico da lição ministrada a Dionísio. Uma derradeira referência menciona "os primeiros e mais elevados [princípios] sobre a natureza" (344d). Mas nenhum outro passo confirma a ideia de este ser o tema do escrito, nem, por outro lado, sugere que a expressão usada deva ser vista como uma hipérbole irônica.

Na dúvida, a linha seguida nesta análise não permite um pronunciamento definitivo sobre nenhuma das "questões escaldantes" que caracterizam a interpretação da *Carta VII*: quer a da autenticidade, quer a da sua relevância para uma interpretação global da filosofia platônica, quer finalmente a das críticas de Platão à escrita.

Em particular sobre esta última — aceitas as reservas antes expressas — e à semelhança da estratégia adotada no *Fedro*, defendemos a interdependência da mensagem e do contexto em que surge. Platão reage — por razões aqui não consideradas — à publicação do escrito de Dionísio. A pergunta que fica por responder é a seguinte: quanto do argumento desenvolvido contra Dionísio pode ser extrapolado para a questão global da possibilidade de filosofar por escrito?

Pensamos que algumas respostas seguras podem ser aceitas para esta pergunta. A primeira aceita liminarmente a possibilidade de extrapolação. Pois, se não houvesse nenhuma, o filósofo nunca se teria obrigado a justificar as razões de ele próprio não ter produzido um "escrito" sobre o assunto.

A segunda recorta no argumento platônico quanto se pode aplicar à prática da escrita. Não cremos que as duas razões que o texto apresenta, focadas acima — fraqueza da linguagem e dificuldade do assunto —, dirijam-se especificamente à escrita. Pensamos que visam a toda forma de expressão verbal. Se assim não fosse, nenhum alcance teriam as muitas reservas sobre o tópico, expressas nos diálogos, no núcleo da concepção platônica de saber.

O mesmo podemos afirmar sobre as outras duas razões: dificuldade do assunto e afinidade da alma do investigador com a natureza das entidades visadas, pois, entre as lições que se podem extrair dos diálogos, avultam as que procuram orientar a alma do investigador para o inteligível (ver *Rep.* VII 518c-519d), dotando-a da capacidade de desenvolver a afinidade com o objeto da pesquisa (como a prática da reminiscência implica). Portanto, a escrita, como tal, não é aqui visada, mas a pretensão de com ela chegar ao saber.

A terceira resposta é extraída da profunda suspeita sobre o valor da instrução prestada a cidadãos anônimos, estranhos ao círculo platônico. Mas é fácil ver que a questão é também alheia à escrita, em si. Bastará perguntar: em quantos diálogos são enumerados os perigos de uma instrução anônima, mercenária e não orientada, incluídos no tão explorado *topos* da educação sofística? De novo se manifesta aqui outro contexto, no qual, quanto a nós, as críticas à utilização da escrita devem ser inseridas.

Sintetizando os inúmeros argumentos platônicos sobre o assunto numa única frase: o ensino através da transmissão de opiniões não tem qualquer valor, mas, mesmo que tivesse, não serviria para nada, pois em nada ajudaria o discípulo a fortalecer as suas capacidades! Condensá-lo em suportes estáveis, insuscetíveis de aprofundamento reflexivo, é atentar contra a mais elementar exigência do saber.

Repetindo teses antes desenvolvidas, o traço profundo comum às investigações socráticas e platônicas é o de que — a partir da identificação eleática do ser com o pensar — o saber não reside na informação positiva, colhida e processada através do complexo da *doxa*, mas na própria alma. É através do autoconhecimento que poderá ser buscado, mas nunca definitivamente possuído. É afinal isso mesmo que significa "filosofar"!

É clara a insuficiência da escrita para, por si, atingir essa finalidade, dada a natureza do processo instrutivo descrito no início da digressão (341b-e). Não haverá, porém, motivo para lhe negar qualquer possibilidade de promover o acesso da alma ao saber, como apoio da prática dialética.

APÊNDICE

Alma nos diálogos socráticos

Quem tiver seguido a variedade de aspectos e de contextos com que a noção platônica de alma se manifesta nos diálogos sobre a TF não encontrará nada de novo ou de problemático nos diálogos socráticos. Os passos em que a alma é chamada a participar dos debates são poucos e bem conhecidos[1], em nada divergindo daquilo que encontramos nas obras acima estudadas. Esse fato, porém, em nada diminui o interesse das suas aparições.

Dos vários passos em que a noção de alma recebe um tratamento relevante, distinguimos aquele que documenta de forma abrangente a riqueza com que a noção é encarada. Salientamos tratar-se de uma obra supostamente composta bastante antes daquelas em que essas perspectivas sobre a alma se acham no foco da argumentação: é o caso do *Cármides*.

A citação abaixo é extraída da introdução dramática ao diálogo com a personagem epônima da obra e refere alegadas crenças trácias, atribuídas ao médico e taumaturgo Zalmóxis. O pretexto para a intervenção de Sócrates é apresentar a cura para a dor de cabeça que aflige o belo e promissor Cármides.

Antes ainda do início do passo, Sócrates aponta o traço holístico na abordagem da medicina (*Cár.* 156b-c, d-e) que vemos atribuída a Hipócrates no *Fedro* 270c-d. E prossegue citando palavras de um trácio anônimo:

> "De fato, todo o bem e todo o mal, para o corpo e para todo o homem, provêm da alma e dela dimanam, tal como da cabeça para os olhos. É preciso, pois, tratar desse aspecto em primeiro lugar e acima de tudo, se se quiser passar da cabeça e do resto

---

[1]. Os mais interessantes acham-se citados e comentados no clássico de T. M. Robinson, *Plato's Psychology*.

do corpo. Dizia ainda, meu caro amigo, que a alma se trata com estas encantações, encantações essas que consistem em belas conversas. É dessas conversas que nasce na alma a *sôphrosynê*. Uma vez nascida e estabelecida, já é fácil levar a cura à cabeça e ao resto do corpo. Assim, dizia ele, depois de me ensinar a poção e o canto mágico; que ninguém te persuada a tratar da cabeça com este remédio, se não te apresentar primeiro a sua alma para a tratares com esta encantação[2]" (*Cár.* 156e-157b).

De acordo com o texto, para além da função de comando da ação e do corpo, a alma exibe já a característica de sede da decisão psicológica e do juízo ético. Implicitamente, a cabeça deve suportar a localização da alma divina e imortal nesse órgão, de modo em tudo coerente com o que sobre o assunto achamos no *Timeu* e na *República*.

O termo "encantações" (*epôdai*) deve ser lido metaforicamente. Na continuação do diálogo com Cármides, vemo-las tomarem a forma do *elenchos*. Mas o termo suporta ainda a "boa retórica" que no *Fedro* dimana harmoniosamente da alma do amante para a do amado (277b-c) e no *Banquete* assume a função intermediária que permite o acesso da alma à transcendência (202e-203a).

Como dissemos, a metodologia elênctica — aplicada na sequência do diálogo — é aí abordada como uma "encantação" dirigida à alma. As suas virtudes curativas adequam-se à concepção psicossomática da saúde desenvolvida no *Timeu*. Se a estas referências acrescentamos a remissão ao *Fedro*, torna-se evidente a diversidade de relações de convergência com o corpo da obra platônica, que um passo dramático de uma obra "de juventude" inesperadamente manifesta.

Resta-nos referir outros passos em que noção de alma ganha um inesperado protagonismo. Começamos por um já considerado, do *Críton* (47c-e). A alma é aí implicitamente referida por perífrases, como "aquilo que é prejudicado pelo mal e beneficiado pelo bem" e "aquilo acerca de que são o bem e o mal". Mas as importantes funções acima referidas já nela se acham presentes.

No *Eutidemo* 295e, a alma é para Sócrates a sede do saber, tal como, no *Protágoras* 331a-c, é a sua alma que o jovem Hipócrates beneficiará ou prejudicará se escolher um bom ou um mau mestre, pois é nas mãos dele que a irá colocar.

Finalmente, em termos de riqueza e densidade, é no *Górgias* que a alma ganha maior protagonismo. Não só a série das mais importantes artes se diz em relação à alma (465b-d), como esta é objeto de duas sugestivas imagens: a do tonel esburacado e a do "corpo-prisão" (493a-c). Por último, em 504c-d, a alma assume a sua função de guardiã da ordem e da harmonia, responsável por toda forma de conduta: virtuosa ou viciosa. O mito escatológico com que termina o diálogo (523a ss.) deve ser associado ou integrado no conjunto dos mitos que Platão dedica à descrição da entrada da alma no além: *Fédon* 107b ss.; *República* X 614b-621b; *Fedro* 246d-257b.

---

2. Tradução de F. de Oliveira, PLATÃO, *Cármides*, Coimbra, 1981.

Bibliografia

1. Fontes

ARISTÓTELES
The Works of Aristotle, translated into English under the editorship of W. D. Ross, I-XII, Oxford, 1908-1913 (*The Complete Works of Aristotle. The Revised Oxford Translation,* I-II, Edited by J. Barnes, Princeton, 1984).

Edições comentadas e traduções:
Aristóteles, De Anima. Apresentação, tradução e notas de M. Cecília Gomes dos Reis. São Paulo, 2006.
Categories and De Interpretatione. Transl. with notes by J. L. Ackrill. Oxford, 1974.
La métaphysique I-II, nouvelle ed. entierement refondue, avec commentaire, par J. Tricot. Paris, 1964.
Metafísica. Ed. trilingue de V. Garcia Yebra. Madrid, 1970.
On the soul, Parva Naturalia, On Breath. Transl. W. S. Hett. London, 1975.

PLATÃO
Oeuvres complétes, I-XIV. Paris, Les Belles Lettres, 1920-1964.
Plato I-XIII. Transl. by W. R. M. Lamb, H. N. Fowler, P. Shorey, R. G. Bury, Loeb Classical Library, London, Cambridge (Mass.), 1914-1935.
Platonis Opera. Ed. I. Burnet. I-V. Oxford, 1900-1907.

Traduções portuguesas:
A República. Trad., introd. e notas de M. H. da Rocha Pereira. Lisboa, ^{6}1990.
Crátilo. Trad. de Maria José Figueiredo, "Introdução" de J. T. Santos, Lisboa 2001.
Eutidemo. Lisboa 1999 (tradução, introdução e notas de Adriana Nogueira).
Êutifron, Apologia de Sócrates. Críton. Trad., introd., notas e posfácio de J. T. Santos, Lisboa, ^{5}2007.
Fédon. Trad., introd. e notas de M. T. S. Azevedo. Coimbra, ^{2}1988.
Górgias. O Banquete. Fedro. Trad. introd. e notas de M. O. Pulquério, M. T. S. Azevedo e J. R. Ferreira. Lisboa, 1973.
Ménon. Trad. e notas de E. R. Gomes, Introd. de J. T. Santos. Lisboa, ^{3}1994.

O Banquete. Trad., introd. e notas de M. T. S. Azevedo. Lisboa, ²1991.
Teeteto. Lisboa, 2005 (tradução de A. Nogueira e M. Boeri, "Introdução" de J. T. Santos).
Timeu. Trad. de Maria José Figueiredo, "Introdução" de J. T. Santos. Lisboa, 2004.

Outras edições, traduções e comentários:
Carta VII. Trad. e notas de Juvino Maia Jr. e J. T. Santos, com "Introdução" de T. Irwin. São Paulo, 2008.
Parménide. Trad., introd. et notes par Luc Brisson. Paris, 1994.
Phaedo. Translation with notes by D. Gallop. Oxford, 1975.
Platone, La Repubblica I. Trad. e coment. M. Vegetti. Napoli, 1998.
Plato's Phaedo. Transl. and notes by D. Bostock. Oxford, 1987.
The Theaetetus of Plato. With a translation by M. J. Levett revised by M. Burnyeat. Indianapolis, 1990.

2. Livros

a) Índices, obras genéricas e Histórias da Filosofia

AST L. *Lexicon platonicum, sive vocum platonicarum index* I-III. Darmstadt, 1956 (1ª ed. 1835-1838).
BRANDWOOD L. *A Word Index to Plato.* Leeds, 1976.
DIELS, H., KRANZ, W. *Die Fragmente der Vorskratiker.* Berlin, ⁶1954.
GUTHRIE, W. K. C. *A History of Greek Philosophy* I-VI. Cambridge, 1962-1978.
HAMMOND, N. G. L., SCULLARD, H. H. (eds.). *The Oxford Classical Dictionary.* Oxford, ²1969.
KIRK, G. S., RAVEN, J. E. *The Presocratic Philosophers, A Critical History with a Selection of Texts.* Cambridge, 1957.

b) Antologias e coletâneas de estudos

ALLEN, R. E. (ed.). *Studies in Plato's Metaphysics.* London, 1965.
CALVO, Tomás, BRISSON, Luc (eds.) *Interpreting the Timaeus-Critias.* Sankt Augustin, 1997.
CARONE, G. R. *A cosmologia platônica e suas dimensões éticas.* São Paulo, 2008.
CASERTANO, G. (a cura di). *Empedocle, tra poesia, medicina, filosofia e politica.* 2 vols. Napoli, 2007.
_____. *Il Cratilo di Platone: struttura e problematiche.* Napoli, 2005.
_____. *Il Protagora di Platone: struttura e problematiche.* Napoli, 2004.
_____. *Il Teeteto di Platone: struttura e problematiche.* Napoli, 2002.
_____. *La struttura del dialogo platónico.* Napoli, 2000.
CHERNISS, H. *Collected Papers.* L. Tarán (ed.), Leiden, 1977.
DIELS, H. *Doxographi Graeci.* 1879, ²1929.
DIELS, H., KRANZ, W. *Fragmenter der Vorsokratiker.* Berlin, ⁶1956.
FINE, G. (ed.). *Plato I, Metaphysics and Epistemology.* Oxford, 1999.
GRISWOLD Jr., C. L. (ed.). *Platonic Writings, Platonic Readings.* New York, London, 1988.
KRAUT, R. (ed.). *The Cambridge Companion to Plato.* Cambridge, 1992.
LEE, E. N., MOURELATOS, A. P. D., RORTY, R. M. *Exegesis and Argument. Studies in Greek Philosophy presented to Gregory Vlastos.* Assen, 1973.
MORAVCSIK, J. M. E. (ed.). *Patterns in Plato's Thought.* Dordrecht, Boston, 1973.
ROSSETTI, L. (ed.). *Understanding the Phaedrus.* Sankt Augustin, 1992.
SANTOS, J. T. (org.). *Anamnese e saber.* Lisboa, 1999.

VLASTOS, G. (ed.). *Plato. A Colection of Critical Essays,* I-II. Berryville (Virginia), 1971.
_____. *Platonic Studies.* Princeton, 1973.

c) Livros

BRISSON, L. *Le Même et l'Autre dans la structure ontologique du Timée de Platon.* Paris, 1995.
CHERNISS, H. *Aristotle's Criticism of Plato and the Academy.* Baltimore, 1944.
_____. *The Riddle of the Ancient Academy.* California U.P., 1945.
CORNFORD, F. M. *Principium Sapientiae. The Origins of Greek Philosophical Thought.* Cambridge, 1952 (trad. port.: Lisboa, 1975).
_____. *Plato's Cosmology.* London/Henley, 1937.
DETIENNE, M. *Savoirs de l'écriture.* Lille, 1989.
DIXSAUT, M. *Le naturel philosophe.* Paris, ³2001 (ed. ital.: *La natura filosófica.* Napoli, 2003).
DODDS, E. R. *The Greeks and the Irrational.* Berkeley, 1951.
GRISWOLD Jr., C. *Self-Knowledge in Plato's* Phaedrus. New Haven-London, 1986.
HAVELOCK, E. A. *Preface to Plato.* Oxford, 1963.
_____. *The Greek Concept of Justice. From its Shadow in Homer to its Substance in Plato.* Cambridge (Mass.), 1978.
_____. *The Literate Revolution in Greece and its Cultural Consequences.* Princeton, 1982.
_____. *The Muse Learns to Write, Reflections on Orality and Literacy from Antiquity to the Present.* New Haven-London, 1986 (trad. port.: *A Musa aprende a escrever.* Lisboa, 1995).
KANT, I. *Kritik der praktischen Vernunft.* 1787.
_____. *Plato's Ethics.* New York/Oxford, 1995.
LLOYD, G. E. R. *Magic, Reason and Experience.* Cambridge, 1979.
MARROU, H. I. *Histoire de l'éducation dans l'Antiquité.* Paris, ⁶1965.
MARTIN, A., PRIMAVESI, O. *L'Empédocle de Strasbourg (Pap. Strasb. Gr. Inv. 1665-1666).* Strasbourg, Berlin, New York, 1999.
MOHR, R. D. *The Platonic Cosmology.* Leiden, 1985.
PEREIRA, M. H. R. *Estudos de História da Cultura Clássica* I. Lisboa, ⁴1975.
ROBINSON, R. *Plato's Earlier Dialectic.* Oxford, 1953.
ROBINSON, T. M. *Plato's Psychology.* Toronto, 1970.
ROHDE, E. *Seelenkult und Unsterblichkeitglaube der Griechen.* 1894.
ROSSETTI, L. (org.). *Understanding the* Phaedrus. Skt. Augustin, 1972.
ROSS, W. D. *Plato's Theory of Ideas.* Oxford, 1951.
RYLE, Gilbert. *Plato's Progress.* London, 1951.
SCOLNICOV, S. *Plato's Metaphysics of Education.* London/New York, 1988.
SHOREY, P. *The Unity of Plato's Thought.* Chicago, 1903.
_____. *What Plato Said.* Chicago, 1933.
SCHLEIERMACHER, L. *Platons Werke.* Berlin, 1807-1828.
SPITZER, H. *Ursprung und Bedeutung der Hylozöismus.* 1881.
THESLEFF, H. *Studies in Platonic Chronology.* Helsinki, 1982.
TIGERSTEDT, E. N. *The Decline and Fall of the Neoplatonic Interpretation of Plato.* Stockholm, 1974.
_____. *Interpreting Plato.* Stockholm, 1977.
TRABATTONI, F. *Scrivere nell'anima.* Firenze, 1994.
VEGETTI, M. *L'Etica degli antichi.* Roma-Bari, 1990.
VLASTOS, G. *Platonic Studies.* 1981.
WHITE, N. P. *Plato's* Republic. Oxford, 1979.

3. Artigos

BRISSON, L. "La réminiscence dans le *Mênon* (80e-81e) et son arrière plan réligieux", in SANTOS, José Trindade (org.). *Anamnese e saber.* Lisboa, 1998, 23-61.
CALVO, T. "Anámnesis y Catarsis: La Antropologia de Platón", in *Anamnese e saber*, 201-226.
CASERTANO, G. "Anamnesi, Idea e Nome", in *Anamnese e saber*, 109-172.
CERRI, G. "Il ruolo positivo della scrittura secondo il *Fedro*", in ROSSETTI, L. (org.). *Understanding the* Phaedrus *di Platone*, 280-284.
CHERNISS, H. "The Sources of Evil according to Plato", *Selected Papers,* TARÁN, L. (ed.), 253-260.
_____. "The Philosophical Economy of the Theory of Ideas", in ALLEN, R. E. (ed.). *Studies in Plato's Metaphysics.* London, 1965, 1-12.
_____. The Relation of the *Timaeus* to Plato's Later Dialogues, in ALLEN, R. E. (ed.). *Studies in Plato's Metaphysics.* London, 1965, 339-378.
FINE, G. Knowledge and Belief in the *Republic V, Archiv für Geschichte der Philosophie* LX (1978) 121-139.
FREDE, M. "Observations on Perception in Plato's Later Dialogues", in *Plato I,* FINE, G. (ed.), 1999, 377-383.
HEATH, M. "The Unity of the *Phaedrus*", *Oxford Studies in Ancient Philosophy* VII 1989, 151-192.
IRWIN, T. "Introdução" à *Carta VII.* São Paulo, 2008, 7-43.
NARCY, M. "Platon, l'écriture et les transformations de la Rhétorique", in *Understanding the* Phaedrus, 275-279.
OWEN, G. The Place of the *Timaeus* in Plato's Dialogues, in ALLEN, R. E. (ed.). *Studies in Plato's Metaphysics.* London, 1965, 313-338.
PRIMAVESI, O. "Teologia fisica, mitica e civile in Empedocle", in *Empedocle, tra poesia, medicina, filosofia e politica,* CASERTANO, G. (a cura di). Napoli, 2007, 30-47.
ROWE, C. "The Unity of the *Phaedrus:* A Reply to Heath, *Oxford Studies in Ancient Philosophy* VII, 1989, 151-192.
SANTOS, J. T. "O Tempo na narrativa platônica da Criação", *Hypnos* 18, São Paulo (2007), 42-55.
_____. "A função da alma na percepção, nos diálogos platônicos", *Hypnos* 13, São Paulo (2004) 27-38.
_____. "Sujeito epistêmico, sujeito psíquico", *Princípios* 11, nºs 15-16, Natal 2004, 65-82.
_____. "La struttura dialogica del *Menone:* una lettura retroattiva", in CASERTANO, G. (a cura di). *La struttura del dialogo platonico.* Napoli, 2000, 35-50.
_____. "Platão, o Amor e a retórica", *Philosophica* 9, Lisboa (1997), 59-76.
_____. "'Vida' y conceptos relacionados en el relato platónico de la creación: *Tim.* 27d-58c", *Cuadernos de Filosofia*, Buenos Aires (1997) 9-16.
_____. "Platão e a escolha do diálogo como meio de criação filosófica", *Humanitas* XVI, Coimbra (1994) 163-176.
VEGETTI, M. "Dans l'ombre de Thoth. Dynamiques de l'écriture chez Platon", in DETIENNE, M. *Savoirs de l'écriture* 1989, 387-419.
VLASTOS, G. "The Unity of the Virtues in the *Protagoras*", *Platonic Studies,* 1981, 221-265.
_____. "Anamnesis in the *Meno*", in DAY, Jane M. (ed.). *Plato's Meno in Focus.* London/New York, 1994, 150; 93-97.
_____. "Degrees of Reality in Plato", *Platonic Studies*, 58-75.
_____. "Reasons and Causes in the *Phaedo*", in *Platonic Studies*, 76-110.
WHITE, N. P. "Plato's Metaphysical Epistemology", in *The Cambridge Companion to Plato.* Cambridge, 1992, 277-310.

Índice de autores citados

(exceto Platão)
N° da página, seguido do n° da nota.
São indicadas as fontes dos autores clássicos.

ALCMÉON
DK14A13 – 102, n. 162

ALEXANDRE DE AFRODÍSIAS
In met.
84,29 – 31
85,21-28 – 31

ALLEN, R. E.
114, n. 192

ANAXIMANDRO
DK12B1 – 87, n. 135

ANAXÍMENES
DK13B2 – 13

ARISTÓTELES
Da alma
A1,403b27-28 – 18
A1,404a10-16 – 14
A2,403b20-25 – 15
A2,403b25-28 – 16
A2,404a1-2 – 14
A2,404a1-16 – 16
A2,404a16-b9 – 16
A2,404b11-15 – 17
A2,404b13-15 – 22

A3 – 19
A3,405b31-407a2 – 24, n. 19
A3,405b31-407b26 – 36, n. 3
A3,406a13-14 – 24, n. 19
A3,406b24-25 – 19
A3,406b26-28 – 19
A4 – 20
A4,408a31-b18 – 19
A4,408b29-31 – 19
A4,408b32-409b18 – 19, n. 11
A5,408a10-27 – 23
A5,409b23-410a12 – 23
A5,410a27 *ad. fin.* – 21
A5,410b11-16 – 21
A5,410b28-30 – 14
B1,412a11 – 30, n. 28
B1,412a22-b5 – 21
B4,415b9-28 – 20, n. 13
B4,415b3-8 – 14
B4,416a10-18 – 14
B5,417a21-30 – 30, n. 28
Γ5, 4-5 – 119
De Democrito – 96, n. 152
De juv. et sen., De resp. – 14
Física
A185a20-32 – 31
Metafísica
A2,982b11-21 – 16, n. 4

A4,985b4-10 – 96, n. 152
A6, 9 – 20, n. 12
A6,987a4-10 – 31
A9,990a32-993a10 – 31
B1,995a24-b4 – 16, n. 4
Z2,1028b24-27 – 18, n. 11
M8,1083b1-8 – 18, n. 10
M9,1086a5-11 – 18, n. 10
Peri philosophias, fragmento 11 (Rose) 18, n. 10
Política
A2,1252b27-1253a2 – 72, n. 89
Seg. An.
A18 – 31
B19 – 31, 119

BRISSON, L.
22, n. 14, 89, n. 138

CALVO, T.
98, n. 155

CARONE, G. R.
31, n. 29

CASERTANO, G.
30, n. 27, 41, n. 14

CERRI, G.
65, n. 72

CHERNISS, H.
16, n. 5, 100, n. 160, 114, n. 192

CORNFORD, F. M.
22, n. 14, 89, n. 138, 102, n. 162

DEMÓCRITO
DK67A28, 68A106 – 14, 107
DK68A37 – 96, n. 152

DERRIDA, J.
64, n. 69

DETIENNE, M.
62, n. 62

DIXSAUT, M.
62, n. 61, 70, n. 87

DODDS, E. R.
35, n. 1, 48, n. 29

ÉCIO
I.3.4 (*Doxographi Graeci* 278) – 13

EMPÉDOCLES
Fragmentos 6-9 – 17, n. 6
DK31B17, B35 – 87, n. 135
Fragmento 109 – 18, n. 9, 22, 88, n. 137
DK31B110,10 – 17, n. 6, 83, n. 122
DK31B134,5 – 17

FERREIRA, J. R.
63, n. 66, 67, n. 81

FIGUEIREDO, M. J.
102, n. 162

FINE, G.
103, n. 164

FREDE, M.
103, n. 164

GRISWOLD Jr., C.
49, n. 31, 51, n. 36, 64, n. 69

GUTHRIE, W.
109, n. 180, 116, n. 201

HERÁCLITO
13

HERÓDOTO
I 32 – 80, n. 116
III 40 – 80, n. 116
VII 76 – 80, n. 116

HÍPON DE REGIUM
DK26A12 – 102, n. 162

HOMERO
Ilíada XIX 86-94 – 48, n. 29
Odisseia XI 207 – 14

IRWIN, T.
119, n. 205

ÍNDICE DE AUTORES CITADOS

KANT, I.
76, n. 105

KLEIN, J.
64, n. 69

MARROU, H. I.
67, n. 78

MOHR, R. D.
89, n. 138

NARCY, M.
65, n. 72

OLIVEIRA, F. DE
126, n. 2

PÍNDARO
Fragmento 133 (Bergk) – 37
Píticas X 31 – 80, n. 116

PSEUDO-ARISTÓTELES
Peri pneumatos – 14

RIVAUD, A.
101, n. 161

ROBINSON, T. M.
35, n. 1, 78, n. 109, 99, n. 156, n. 157,
109, n. 178, 114, n. 192, 125, n. 1

RODIS-LEWIS, G.
64, n. 69

ROHDE, E.
35, n. 1

ROSS, W. D.
18, n. 10

SANTOS, J. T.
26, n. 23, 30, n. 27, 41, n. 14, 41, n. 17,
59, n. 51, 65, n. 72, 70, n. 86, 85, n. 130

SIMPLÍCIO
Do céu 95,1 – 96, n. 152

SPITZER, H.
83, n. 122

TARÁN, L.
100, n. 160

TRABATTONI, F.
70, n. 86

TUCÍDIDES
Historia I,22,4 – 26, n. 21

VEGETTI, M.
62, n. 62

VLASTOS, G.
73, n. 92

WHITE, N. P.
76, n. 104

XENÓCRATES
17, n. 6

Edições Loyola

editoração impressão acabamento

Rua 1822 nº 341 – Ipiranga
04216-000 São Paulo, SP
T 55 11 3385 8500/8501, 2063 4275
www.loyola.com.br